Kochen mit BUKO®

Natürlich
schmeckt's am besten

Inhalt

BUKO
Arla
Wald-Bärlauch
BUKO
Meerrettich
Arla
BUKO
active
Natur
Arla
NEU
BUKO
TexMex
16%
Arla
NEU
BUKO
FRISCHKÄSE
Provence
Kräuter & Knoblauch
17%
Arla
Natürlich lecker!
BUKO
FRISCHKÄSE
Pikante
Kräuter
17%
Fett absolut
Arla
Natürlich lecker!
BUKO
FRISCHKÄSE
Balance
Arla
BUKO
INDIA
17%
Fett absolut
Arla
BUKO
FRISCHKÄSE
Garten-
Kräuter
Arla
Natürlich lecker!
BUKO
FRISCHKÄSE
Pfeffer
17%
Fett absolut
Arla
Natürlich lecker!
BUKO
Ananas
Arla
BUKO
Toskana
Tomate & Kräuter
13%
Fett absolut
Arla
BUKO
FRISCHKÄSE
Der
Sahnige
Arla
Natürlich lecker!

Lieber BUKO-Fan,

wir wünschen Ihnen viel Spaß und guten Appetit mit den vielen raffinierten Rezepten rund um unseren leckeren Frischkäse. Auf den folgenden Seiten erfahren Sie, wie vielfältig die Möglichkeiten sind, mit BUKO leckere Gerichte zu zaubern. Mit BUKO haben Sie eben nicht nur Abwechslung auf dem Brot, sondern auch auf dem Teller.

Die Zeit ist reif für das BUKO-Kochbuch!

Seit Jahren schicken uns BUKO-Freunde immer wieder ihre Lieblingsrezepte, und dafür wollen wir uns herzlich bedanken. Denn es freut uns jedes Mal, wenn wir von unseren treuen Verwendern Vorschläge bekommen, wie wir das vielseitige Rezept-Sortiment nach ihren Vorstellungen erweitern können. So ist in den letzten Jahren eine stolze Sammlung an frischen Rezepten zusammengekommen, die wir unseren treuen Verwendern nicht länger vorenthalten wollen. Denn auf der anderen Seite erreichen uns auch immer wieder Briefe, in denen Genießer nach neuen, leckeren Rezepten mit ihrem Lieblingsfrischkäse fragen.

Ein Kochstar gesucht – viele Kochstars gefunden!

In den vergangenen Monaten lief der Wettbewerb „Kochstar gesucht“, bei dem wir unsere treuen Verwender nach ihren Lieblingsrezepten fragten. Die große Resonanz auf den Wettbewerb hat uns sehr gefreut und unsere Erwartungen bei Weitem übertroffen. Und vor allem hat sie dazu geführt, dass wir Ihnen auf den nächsten Seiten so viele unterschiedliche und leckere Rezepte vorstellen können. Und auch wenn alle eingesandten Rezepte eine Veröffentlichung verdient hätten, mussten wir schon aus Platzgründen eine Auswahl treffen.

Zum Glück hatten wir für diese schwierige Aufgabe kompetente Unterstützung. Und nach einigem Überlegen standen die Gewinner fest. Allen Autoren der Gewinnerrezepte möchten wir ein riesiges Kompliment aussprechen, denn sie haben sich gegen starke Konkurrenz durchsetzen können. Aber auch bei allen anderen Teilnehmern möchten wir uns herzlich für die eingesendeten Rezepte bedanken und wünschen nun allen Kochstars viel Spaß beim Lesen und Nachkochen.

Ihr BUKO-Team

BUKO®

Top Qualität für besten Geschmack

Bei BUKO dreht sich alles um einen einzigartigen Rohstoff – die Milch. Sie enthält viele lebenswichtige Stoffe, darunter allein 14 der 18 bedeutendsten Vitamine und Mineralien. Für uns steht das Vertrauen der Konsumenten in unsere Produkte immer im Vordergrund. Deshalb ist uns Qualität so wichtig. Und das beginnt bereits bei der Milcherzeugung auf den Arla-Bauernhöfen und endet beim leckeren BUKO Frischkäse. Unser Qualitätsanspruch setzt nicht nur hohe Standards im Hinblick auf die Eigenschaften der Rohmilch und die Rückverfolgbarkeit, sondern auch beim Tier- und Umweltschutz. Unsere strengen Anforderungen während der gesamten Produktionskette garantieren Frischkäse-Liebhabern eine gleichbleibend hohe Qualität im Hinblick auf Nährwert, Hygiene, Sicherheit und Geschmack.

Wie alles begann!

Die Geschichte von BUKO ist untrennbar mit dem Namen Krag Hansen verbunden. Dieser verbrachte einige Jahre in den USA, in denen er alles über die Produktion von speziellen Käsesorten lernte. Als er wieder in seine Heimat Dänemark zurückkehrte, startete er am 15. Februar 1932 seine eigene Produktion von Streichkäse.

Doch wie sollte der neue Käse heißen? Hansen entschied sich für den Namen BUKO. Der Name setzt sich aus zwei Wortteilen zusammen: Einerseits aus dem dänischen Geräusch, das Kühe machen – „BUH“ – und andererseits aus dem dänischen Wort für Kuh: „KO“. So sind bis heute das Produkt und die wichtigsten Mitarbeiter, nämlich die Kühe, im Namen fest miteinander verbunden.

Genau 20 Jahre nach ihrer Gründung landete Hansens erfolgreiche Käserei den nächsten großen Coup: einen Frischkäse aus frischem Rahm. Jetzt war sie endlich gekommen: die Geburtsstunde von BUKO Frischkäse. Die Idee war so enorm erfolgreich, dass die ansässigen Molkereien schon bald den Bedarf an Rahm nicht mehr decken konnten, denn schon längst war der Frischkäse nicht nur im heimischen Dänemark, sondern auch in Deutschland und Italien zu einem echten Renner geworden.

Weil so viel Gutes in BUKO steckt, schmeckt er wie kein anderer Frischkäse: Natürlich lecker.

Und heute? Heute gibt es BUKO in über 15 leckeren Varianten. Nur eines hat sich bis heute nie geändert: der besonders leckere und vor allem natürliche Geschmack von BUKO.

So natürlich lecker schmeckt nur BUKO!

In der unberührten Natur Skandinaviens leben unsere wichtigsten Mitarbeiterinnen: die Milchkühe, die jeden Tag die Milch für unseren BUKO Frischkäse geben. Sie ist Basis für unsere Qualität, die wir seit 1952 unseren Verwendern garantieren. Kein Wunder also, dass die Verbraucher großes Vertrauen zu BUKO haben, was ihn zu einem der beliebtesten Frischkäse Deutschlands macht.

Doch nicht nur die beste Milch ist der Grund dafür, dass alle BUKO-Sorten so natürlich lecker schmecken. Wir achten streng darauf, dass ausschließlich natürliche Zutaten in BUKO landen. Wir verwenden keine Verdickungsmittel, Konservierungsstoffe oder Geschmacksverstärker. Dafür steht unsere BUKO Geschmacksgarantie, die BUKO so einzigartig lecker macht und ihn eindeutig von allen anderen Frischkäsen unterscheidet.

BUKO wird nur mit echten natürlichen Kräutern und frischen Obst- und Gemüsesorten verfeinert. So wird BUKO India, die exotische BUKO-Variante, mit pikantem roten Curry und leckerer Papaya hergestellt. BUKO Toskana hingegen enthält feine Tomaten-, Zucchini- und Auberginenstückchen, während BUKO Provence oder BUKO Gartenkräuter mit besten Kräutern geschmacklich perfekt abgerundet sind. Bei dieser Vielfalt findet jeder seinen persönlichen Lieblings-BUKO.

Und weil BUKO nicht nur auf dem Brot, sondern auch als Zutat für raffinierte Speisen herrlich schmeckt, wünschen wir Ihnen jetzt viel Spaß und guten Appetit beim Kochen mit BUKO. Denn natürlich schmeckt's am besten.

Zum Auftakt

Kürbis-Waldbärlauch-Suppe

FÜR 4 PERSONEN

- 1,25 kg Hokkaido- oder Muskatkürbis
- 1 Zwiebel
- 15 g Butterschmalz
- 700 ml Gemüsebrühe
- 250 g BUKO Waldbärlauch
- 1 Schuss trockener Sherry
- ½ TL Ingwerpulver
- Salz
- 2 Stängel Petersilie
- 2 EL Kürbiskerne (ersatzweise Sonnenblumenkerne)

ZUBEREITUNGSZEIT 30 MINUTEN

1 Kürbis schälen, vierteln, von Fasern und Kernen befreien. Fruchtfleisch grob würfeln. Zwiebel schälen und würfeln.

2 Butterschmalz in einem Topf erhitzen und Zwiebel darin glasig dünsten. Kürbis zufügen und ca. 3 Minuten schmoren.

3 Gemüsebrühe zugießen, Kürbis ca. 7 Minuten leicht kochen und mit dem Mixer pürieren.

4 BUKO Waldbärlauch unterheben und unter Rühren darin auflösen. Sherry zugeben, mit Ingwerpulver und Salz abschmecken.

5 Petersilie gründlich unter fließendem Wasser waschen, trocken schütteln und fein hacken. Suppe kurz vor dem Servieren mit Kürbiskernen und Petersilie garnieren.

PRO PORTION

- 3831 KJ (915 kcal)
- 35 g F ▪ 45 g E ▪ 98 g KH

MEINE BUKO-REZEPT-EMPFEHLUNG

Besonders dekorativ sieht die Suppe in einem großen Pastateller aus, der am Rand mit verschiedenen Kräutern garniert werden kann.

Björn S., Bad Friedrichshall

Feine Tomatensuppe mit Käseklößchen

PRO PORTION

- 4421 KJ (1056 kcal)
- 48 g F · 46 g E · 108 g KH

FÜR 4 PERSONEN

- 3 Schalotten
- 2 EL Pflanzenöl
- 200 g BUKO Toskana
- 100 g geriebener Parmesan
- 1 Ei
- 3 EL Mehl
- Salz
- 1 TL Cayennepfeffer
- 500 g reife Tomaten
- 750 ml Gemüsebrühe
- 2 EL Butter
- 100 g saure Sahne
- frisch gemahlener Pfeffer
- Zucker

ZUBEREITUNGSZEIT 45 MINUTEN

1 Schalotten schälen und fein würfeln. Öl in einem großen Topf erhitzen, Schalotten darin andünsten.

2 Für die Klößchen in einer Schüssel BUKO Toskana, Parmesan, Ei und 2 EL Mehl verrühren, mit Salz und Cayennepfeffer abschmecken. Schüssel abdecken und kühl stellen.

3 Tomaten vierteln, vom Stielansatz befreien und entkernen. In den Topf geben und kurz andünsten. Gemüsebrühe zugießen und ca. 20 Minuten kochen. Suppe durch ein Sieb passieren.

4 Butter in einem großen Topf erwärmen, restliches Mehl einstreuen und mit dem Schneebesen verrühren. Tomatenbrühe langsam unterrühren. Saure Sahne unterheben und mit Salz, Pfeffer und Zucker abschmecken.

5 Tomatensuppe nicht mehr kochen lassen. Aus dem Teig kleine Klößchen abstechen und in der siedenden Suppe ca. 2 Minuten ziehen lassen.

Lachsterrine

FÜR 8 PERSONEN

- 500 g Lachsfilet
- 200 g BUKO Der Sahnige
- 100 g Sahne
- 2 Eier
- Salz
- frisch gemahlener Pfeffer
- etwas Butter für die Form
- 200 g Shrimps
- 3 Bund Dill
- 125 g Sahnequark
- 125 g saure Sahne
- Cayennepfeffer

PRO PORTION

- 2031 KJ (485 kcal)
- 30 g F ▪ 48 g E ▪ 5 g KH

ZUBEREITUNGSZEIT 1 STUNDE + 4 STUNDEN KÜHLZEIT

1 Lachsfilet kurz unter fließendem Wasser waschen und trocken tupfen. Lachsfilet, BUKO Der Sahnige, Sahne und Eier in einer Schüssel mit dem Mixer pürieren. Mit Salz und Pfeffer würzen.

2 Backofen auf 175 Grad (Gas: Stufe 2) vorheizen. Eine Terrinenform oder eine kleine Kastenform mit Butter einstreichen. Hälfte der Fischmasse einfüllen und Shrimps darauf verteilen.

3 Dill gründlich unter fließendem Wasser waschen, trocken schütteln und fein hacken. ⅔ des Dills unter die restliche Fischmasse heben und in die Form füllen.

4 Form abdecken, in eine größere Form setzen und 2 Liter heißes Wasser zugießen. Fischterrine im Backofen ca. 50 Minuten garen.

5 Fischterrine aus dem Ofen nehmen, überschüssige Flüssigkeit abgießen und ca. 3–4 Stunden kalt stellen.

6 Für die Sauce Sahnequark, saure Sahne und restlichen Dill zu einer glatten Masse verrühren. Mit Salz und Cayennepfeffer abschmecken.

7 Terrine aus der Form stürzen, in Scheiben schneiden und auf Tellern anrichten. Mit Sauce servieren.

MEINE BUKO-REZEPT-EMPFEHLUNG

Das Besondere an diesem Rezept ist, dass die Terrine sehr kompliziert aussieht, aber ganz einfach zubereitet werden kann. Wenn Sie keine Terrinenform zur Hand haben, können Sie natürlich auch einfach eine Kastenform verwenden.

Kündigen sich Gäste an, lässt sich die Terrine bereits am Vortag zubereiten. Sie brauchen sie dann nur noch aus dem Kühlschrank zu nehmen und dekorativ auf einem großen Teller servieren. Dazu halbieren Sie eine Toastbrotscheibe diagonal, damit ein Dreieck entsteht, geben eine Scheibe Terrine darauf und legen einige Blätter Feldsalat mit ein wenig Sauce und eine Kirschtomate an den Rand.

Claudia S.-L., Wuppertal

Überbackene Champignons

FÜR 4 PERSONEN

- 800 g große Champignons
- 1 Knoblauchzehe
- ½ Bund Frühlingszwiebeln
- 200 g BUKO TexMex
- 200 g BUKO Der Sahnige

ZUBEREITUNGSZEIT 15 MINUTEN

1 Champignons putzen, mit einem Küchenkrepp abreiben und den Stiel vorsichtig herausdrehen.

2 Backofen auf 200 Grad vorheizen (Gasherd: Stufe 3).

3 Knoblauch schälen und fein hacken. Frühlingszwiebeln putzen, gründlich unter fließendem Wasser waschen, trocken schütteln und in feine Ringe schneiden.

4 BUKO TexMex und BUKO Der Sahnige in einer Schüssel verrühren, Knoblauch und Frühlingszwiebeln unterheben.

5 Käsemischung vorsichtig in die Champignons füllen und ca. 15 Minuten im Backofen überbacken, bis sich eine goldgelbe Kruste gebildet hat.

PRO PORTION

- 1390 KJ (332 kcal)
- 24 g F ▪ 20 g E ▪ 8 g KH

TIPP Zu den überbackenen Champignons passen hervorragend mit Kräuterbutter bestrichene Baguette, die im Ofen aufgebacken werden.

Lauchsuppe à la Provence

PRO PORTION

- 3115 KJ (744 kcal)
- 62 g F · 38 g E · 9 g KH

FÜR 4 PERSONEN

- 2 Stangen Lauch
- 1 Zwiebel
- 5 EL Olivenöl
- 300 g gemischtes Hackfleisch
- 200 ml trockener Weißwein (ersatzweise Wasser)
- 200 g Sahne
- 200 g BUKO Provence
- 200 g BUKO Der Sahnige
- 1 EL getrocknete Kräuter der Provence
- Salz
- frisch gemahlener Pfeffer

ZUBEREITUNGSZEIT 45 MINUTEN

1 Lauch putzen, in dünne Ringe schneiden und gründlich unter fließendem Wasser waschen. Über einem Sieb abtropfen lassen. Zwiebel schälen und fein würfeln.

2 Olivenöl in einem Topf erhitzen, Hackfleisch und Zwiebel darin anbraten. Lauchringe zugeben und bei mittlerer Hitze ca. 5 Minuten dünsten.

3 Mit Weißwein und 700 ml Wasser ablöschen. Sahne, BUKO Provence und BUKO Der Sahnige unterrühren.

4 Suppe bei geringer Hitze ca. 20–30 Minuten leicht kochen bis sie sämig ist. Kräuter der Provence zugeben, mit Salz und Pfeffer abschmecken.

MEINE BUKO-REZEPT-EMPFEHLUNG

Die Zubereitung ist auch für ungeübte Köche recht einfach. Die Suppe lässt sich problemlos einfrieren und schmeckt aufgetaut so köstlich wie frisch zubereitet.

André S.-B., Herdecke

Heiße Croques mit Hähnchenbrust

FÜR 4 PERSONEN

- 1 rosa Grapefruit
- 2 Chicoréestauden
- 1 Schalotte
- 1 Hähnchenbrustfilet ohne Haut (ca. 400 g)
- Öl zum Braten
- Salz
- frisch gemahlener Pfeffer
- 1 Baguette
- 200 g BUKO India
- einige Stängel glatte Petersilie zum Garnieren

ZUBEREITUNGSZEIT 30 MINUTEN

1 Grapefruit schälen, von der weißen Haut befreien und filetieren. Chicorée putzen, gründlich unter fließendem Wasser waschen und Blätter ablösen.

2 Backofen auf 150 Grad Umluft vorheizen (Gasherd: Stufe 2).

3 Schalotte schälen und grob würfeln. Hähnchenbrustfilet kurz unter fließendem Wasser abwaschen und trocken tupfen. Öl in einer Pfanne erhitzen und Hähnchenbrustfilet darin goldbraun anbraten. Schalottenwürfel zufügen und andünsten. Alles gut mit Salz und Pfeffer abschmecken. Grapefruitfilets kurz zugeben.

4 Baguette im Backofen knusprig aufbacken, der Länge nach aufschneiden und beide Hälften dick mit BUKO India bestreichen.

5 Petersilie gründlich unter fließendem Wasser waschen, trocken schütteln und fein hacken.

6 Hähnchenbrustfilet in dünne Scheiben schneiden. Chicoréeblätter auf den Baguettehälften verteilen, mit Hähnchen und Grapefruitfilets belegen. Mit Petersilie garnieren.

PRO PORTION

- 1203 KJ (288 kcal)
- 12 g F · 14 g E · 27 g KH

TIPP Vierteln Sie die heißen Baguette und servieren Sie diese als kleinen Snack.

Käsebällchen-Tapas

24 STÜCK

- 200 g BUKO Der Sahnige
- 30 g frisch geriebener Parmesan
- 2 TL Aceto Balsamico
- Salz
- frisch gemahlener Pfeffer
- 1 Messerspitze Bio-Instant-Gemüsebrühe
- 50 g gehobelte Mandeln
- je 24 grüne und blaue Trauben

ZUBEREITUNGSZEIT 30 MINUTEN

1 BUKO Der Sahnige, Parmesan und Aceto Balsamico in einer Schüssel miteinander verrühren. Mit Salz, Pfeffer und Instant-Gemüsebrühe abschmecken und 24 Bällchen formen.

2 Mandeln in einer Pfanne ohne Fett rösten und abkühlen lassen. Käsebällchen darin wenden.

3 Weintrauben gründlich unter fließendem Wasser waschen und trocken tupfen. Auf 24 Zahnstocher abwechselnd jeweils eine grüne Traube, eine blaue Traube und ein Käsebällchen stecken.

PRO PORTION

- 164 KJ (39 kcal)
- 3 g F · 1 g E · 1 g KH

Süßkartoffelsuppe

FÜR 4 PERSONEN

- 700 g Süßkartoffeln
- 1 Zwiebel
- 5 EL Pflanzenöl
- 5 TL Haldi (ersatzweise Masala oder Kurkuma)
- 1 TL Kreuzkümmel
- 2 TL Zucker
- 125 ml Milch
- Mohn (ersatzweise Sesam)
- 150 g BUKO India

PRO PORTION

- 1913 KJ (457 kcal)
- 24 g F ▪ 9 g E ▪ 51 g KH

ZUBEREITUNGSZEIT 25 MINUTEN

1 Kartoffeln waschen, schälen und würfeln. Zwiebel schälen und fein hacken.

2 In einem Topf Öl erhitzen, Haldi, Kreuzkümmel und Zwiebel zugeben und ca. 5 Minuten andünsten. Zucker zugeben und Farbe nehmen lassen. Süßkartoffeln zugeben und ca. 3 Minuten dünsten.

3 Wasser zugießen, bis die Kartoffeln bedeckt sind und ca. 10 Minuten kochen. Mit dem Mixer pürieren.

4 Milch, Mohn und BUKO India unterrühren und mit Pfeffer abschmecken.

Matthias B., Aachen

TIPP Wenn Sie keine Süßkartoffeln zur Hand haben oder im Laden erhalten, eignen sich auch normale Kartoffeln für das Rezept. Allerdings schmeckt die Suppe dann weniger süß, da Süßkartoffeln, wie der Name schon sagt, viel Zucker enthalten. Bei der Verwendung von Kartoffeln sollten Sie – ganz nach Geschmack – eventuell etwas mehr Zucker zugeben.

Frische Salate und Dips

Bunter Salat

FÜR 4 PERSONEN

- 250 g grüne Bohnen
- 1 Bund Bohnenkraut
- Salz
- 50 g Pinienkerne
- 250 g Cocktailtomaten
- einige Blätter heller Eichblattsalat
- 125 g Arla Höhlenkäse Leicht
- 75 g Parmaschinken
- 1 Knoblauchzehe
- 100 g BUKO Active
- 150 g fettarmer Joghurt (1,5 % Fett)
- 4–6 EL Milch (1,5 % Fett)
- frisch gemahlener Pfeffer

ZUBEREITUNGSZEIT 40 MINUTEN

1 Bohnen putzen. Bohnen und Bohnenkraut gründlich unter fließendem Wasser waschen. 4 Stängel Bohnenkraut zur Seite legen, die restlichen Blättchen von den Stängeln zupfen.

2 In einem Topf Salzwasser zum Kochen bringen, Bohnen und Bohnenkrautblättchen hineingeben und Bohnen darin bissfest garen. Bohnen über einem Sieb abtropfen lassen und in eine Schüssel geben.

3 Pinienkerne ohne Fett in einer Pfanne goldbraun rösten, auf einen Teller geben und abkühlen lassen.

4 Tomaten und Eichblattsalat gründlich unter fließendem Wasser waschen. Tomaten halbieren und vom Stielansatz befreien. Eichblattsalat putzen und in mundgerechte Stücke zupfen. Käse und Schinken in Streifen schneiden. Alles unter die Bohnen heben.

5 Für das Dressing Blättchen von den restlichen Bohnenkrautstängeln zupfen und hacken. Knoblauch schälen und zerdrücken.

6 BUKO Active, Joghurt, Milch, Knoblauch und Bohnenkraut verrühren, mit Salz und Pfeffer abschmecken. Dressing kurz vor dem Servieren unter den Salat heben.

PRO PORTION

- 1170 KJ (280 kcal)
- 22 g F · 21 g E · 10 g KH

TIPP Als Alternative zum Eichblattsalat eignen sich auch andere Salate, z. B. Feldsalat oder Rauke.

Spargelsalat mit Ananas

PRO PORTION

- 1344 KJ (321 kcal)
- 14 g F ▪ 13 g E ▪ 32 g KH

FÜR 4 PERSONEN

- 600 g grüner Spargel
- ½ TL Zucker
- ½ TL Salz
- 6 EL Weißweinessig
- 1 Baby-Ananas
- 1 Knoblauchzehe
- 100 g BUKO Ananas
- 3 EL saure Sahne
- 2 EL Mayonnaise
- 1 TL Zitronensaft
- 1 EL Öl
- frisch gemahlener Pfeffer
- 1 Eisbergsalat
- 2 Tomaten
- 100 g gekochte Krabben

ZUBEREITUNGSZEIT 25 MINUTEN

1 Spargel waschen, holzige Enden entfernen und Spargelstangen in 2–3 cm lange Stücke schneiden.

2 In einem Topf Wasser sprudelnd aufkochen, Zucker, Salz, 5 Esslöffel Essig und Spargelstücke zugeben. Bei kleiner Flamme ca. 5 Minuten kochen, herausnehmen, kalt abschrecken und über einem Sieb abtropfen lassen.

3 Ananas schälen und in kleine Würfel schneiden.

4 Für das Dressing Knoblauch schälen und fein hacken. BUKO Ananas, saure Sahne, Mayonnaise, Zitronensaft, restlichen Essig und Öl in einer Schüssel verrühren. Knoblauch unterheben. Gut mit Salz und Pfeffer abschmecken.

5 Salat und Tomaten gründlich unter fließendem Wasser waschen. Salat putzen und in Streifen schneiden. Tomaten vierteln und vom Stielansatz befreien.

6 Krabben gründlich unter fließendem Wasser waschen, abtropfen lassen. Spargel, Salat, Tomaten und Krabben in eine Schüssel geben, Dressing unterheben und ziehen lassen.

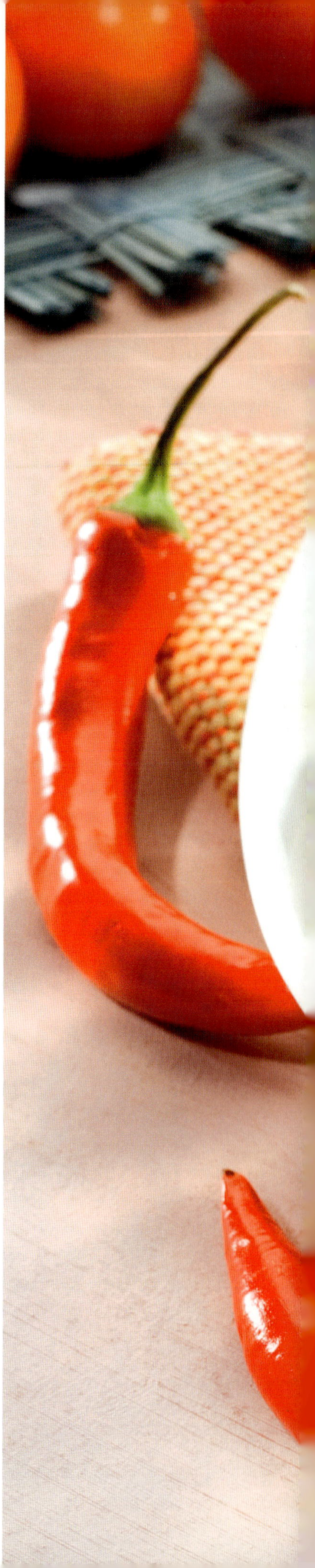

Feuriger Nudelsalat

PRO PORTION

- 3810 KJ (910 kcal)
- 42 g F ▪ 33 g E ▪ 96 g KH

FÜR 4 PERSONEN

- Salz
- 500 g Nudeln
- 200 g Kabanossi (oder eine andere pikante Salami)
- 1 kleine Dose Mais (140 g Abtropfgewicht)
- 1 kleine Dose Kidneybohnen (125 g Abtropfgewicht)
- 1 Zwiebel
- 2 Tomaten
- 2 Knoblauchzehen
- 1 frische rote Peperoncini
- 4 EL Olivenöl
- 3 EL Gemüsebrühe
- 2 EL Weißweinessig
- 100 g BUKO TexMex
- 100 g BUKO Provence
- ½ Bund Schnittlauch
- ½ Bund Koriander

ZUBEREITUNGSZEIT 45 MINUTEN

1 Salzwasser in einem Topf zum Kochen bringen, Nudeln darin nach Packungsangabe bissfest garen.

2 Kabanossi in kleine Würfel schneiden. Mais und Kidneybohnen über einem Sieb abtropfen lassen. Zwiebel schälen und fein würfeln. Tomaten gründlich unter fließendem Wasser waschen, halbieren, vom Stielansatz befreien und ebenfalls würfeln. Kabanossi, Mais, Kidneybohnen, Zwiebel und Tomaten in eine Schüssel geben.

3 Nudeln abgießen und zu den übrigen Zutaten in die Schüssel geben.

4 Für das Dressing Knoblauch schälen und fein hacken. Peperoncini halbieren, von Stielansatz und Kernen befreien, gründlich unter fließendem Wasser waschen und in feine Ringe schneiden.

5 Olivenöl in einer Pfanne erhitzen, Knoblauch und Peperoncini darin anbraten. Vom Herd nehmen, mit Gemüsebrühe und Essig ablöschen. BUKO TexMex und BUKO Provence unterheben.

6 Schnittlauch und Koriander gründlich unter fließendem Wasser waschen, trocken schütteln und fein hacken.

7 Dressing unter die vorbereiteten Zutaten heben und ca. 20 Minuten ziehen lassen. Vor dem Servieren mit Schnittlauch und Koriander garnieren.

Tortellinisalat mit Hühnchen

FÜR 4 PERSONEN

- 700 g Tortellini mit Käsefüllung
- 350 g Hühnchenbrust
- 1 kleine Ananas
- 3 Mandarinen (ersatzweise 1 kleine Dose Mandarinen)
- 300 g Joghurt (3,5 % Fett)
- 2 EL Mayonnaise
- 2 EL Ananassaft
- 100 g BUKO Ananas
- Salz
- frisch gemahlener Pfeffer
- Currypulver

ZUBEREITUNGSZEIT 20 MINUTEN + 3 STUNDEN KÜHLZEIT

1 Salzwasser in einem Topf zum Kochen bringen und Tortellini darin nach Packungsanweisung bissfest garen. Über einem Sieb abtropfen und abkühlen lassen.

2 Hähnchenbrust kurz unter fließendem Wasser waschen, trocken tupfen und in dünne Scheiben schneiden.
Öl in einem Topf erhitzen und Hähnchen darin goldbraun anbraten. Mit Salz und Pfeffer würzen. Herausnehmen und abkühlen lassen.

3 Ananas und Mandarinen schälen und in kleine Würfel schneiden. Mayonnaise, Joghurt und BUKO Ananas in einer Schüssel verrühren. Ananassaft zufügen, bis eine nicht zu flüssige Creme entsteht. Mit Salz, Pfeffer und Currypulver abschmecken.

4 Tortellini, Hühnchen, Ananassauce mischen und 2–3 Stunden ziehen lassen.

PRO PORTION

- 4333 KJ (1035 kcal)
- 19 g F · 49 g E · 161 g KH

MEINE BUKO-REZEPT-EMPFEHLUNG

Die Kombination aus Gebratenem und Fruchtigem zusammen mit der exotischen Currynote macht den Salat herzhaft-lecker und verleiht ihm einen Hauch von tropischem Flair. Besonders erfrischend ist der Tortellinisalat mit Hühnchen im Sommer zu Steaks, gegrillten Würstchen oder Spareribs. Probieren Sie ihn einfach zu Ihrem nächsten Grillfest aus, und Sie werden sehen, der Salat wird große Begeisterung auslösen. Servieren Sie dazu frisches Baguette – je nach Geschmack auch mit BUKO Ananas bestrichen.

Janine S., Köln

Bunter Frischkäse-Snack

FÜR 4 PERSONEN

- ½ Bund Radieschen
- ½ Bund Schnittlauch
- einige Stängel Dill
- einige Stängel Petersilie
- 350 g BUKO Balance
- 35 g Sahne
- Salz
- frisch gemahlener Pfeffer

ZUBEREITUNGSZEIT 20 MINUTEN

1 Radieschen putzen, gründlich unter fließendem Wasser waschen und in kleine Würfel schneiden.

2 Kräuter gründlich unter fließendem Wasser waschen und trocken schütteln. Schnittlauch in feine Röllchen schneiden. Dill und Petersilie fein hacken.

3 BUKO Balance in einer Schüssel mit Sahne verrühren. Radieschen und Kräuter unterheben, mit Salz und Pfeffer abschmecken.

PRO PORTION

- 803 KJ (192 kcal)
- 16 g F · 8 g E · 3 g KH

TIPP Zu diesem Aufstrich schmecken hervorragend Roggenbrötchen. Er lässt sich aber auch hervorragend mit Stängelsellerie- oder Möhrenstreifen dippen.

Frischer Obatzder

PRO PORTION

- 2675 KJ (639 kcal)
- 57 g F • 26 g E • 8 g KH

FÜR 4 PERSONEN

- 125 g gesalzene Butter
- ½ rote Zwiebel
- ½ Schalotte
- ½ Bund Frühlingszwiebeln
- ½ Bund Schnittlauch
- 250 g BUKO Waldbärlauch
- 250 g BUKO Der Sahnige
- 200 g Magerquark
- 2–3 Eigelb
- Salz
- frisch gemahlener Pfeffer
- ½ TL Kümmel
- 1 EL Paprikapulver
- ½ TL Cayennepfeffer

ZUBEREITUNGSZEIT 15 MINUTEN

1 Butter in einem Topf schmelzen. Zwiebeln schälen und fein würfeln.

2 Frühlingszwiebeln und Schnittlauch gründlich unter fließendem Wasser waschen, trocken schütteln und in feine Röllchen schneiden.

3 BUKO Waldbärlauch und BUKO Der Sahnige in einer Schüssel mischen. Quark, Eigelb, Butter, Frühlingszwiebeln und Schnittlauch unterheben und zu einer cremigen Masse verrühren. Mit Salz, Pfeffer, Kümmel, Paprika und Cayennepfeffer scharf abschmecken.

MEINE BUKO-REZEPT-EMPFEHLUNG

Mit diesem Rezept sind Sie der Mittelpunkt auf jeder Party – dieser Obatzde ist etwas Besonderes, da er nicht aus Camembert, sondern mit BUKO-Frischkäse zubereitet wird.

Gaby C. S., Maisach

Brotaufstriche mit Schinken und Thunfisch

FÜR DEN SCHINKENAUFSTRICH (FÜR 4 PERSONEN)

- 2 kleine rote Zwiebeln
- 120 g gekochter Schinken
- 2 Knoblauchzehen
- 200 g BUKO Gartenkräuter
- Salz
- frisch gemahlener Pfeffer
- 1 Bund Rauke
- 4 Scheiben Vollkornbrot

PRO PORTION

- 1524 KJ (364 kcal)
- 8 g F ▪ 27 g E ▪ 30 g KH

FÜR DEN THUNFISCHAUFSTRICH (FÜR 4 PERSONEN)

- 2 Bund Schnittlauch
- 120 g Thunfisch aus der Dose
- 200 g BUKO Gartenkräuter
- 4 TL Kapern
- 4 TL Limettensaft
- Salz
- frisch gemahlener Pfeffer
- 4 Scheiben Vollkornbrot
- einige Basilikumblättchen

ZUBEREITUNGSZEIT 15 MINUTEN

1 Für den Schinkenaufstrich Zwiebeln schälen und in feine Streifen schneiden. Schinken in kleine Würfel schneiden. Knoblauch schälen und fein hacken.

2 BUKO Gartenkräuter in eine Schüssel geben, Zwiebeln, Schinken und Knoblauch unterheben, mit Salz und Pfeffer gut abschmecken.

3 Rauke gründlich unter fließendem Wasser waschen, trocken tupfen und auf den Vollkornbrotscheiben verteilen. Mit Frischkäsemischung belegen.

4 Für den Thunfischaufstrich Schnittlauch gründlich unter fließendem Wasser waschen, trocken schütteln und in feine Röllchen schneiden.

5 Thunfisch über einem Sieb abtropfen lassen und mit einer Gabel zerpflücken. BUKO Gartenkräuter, Thunfisch, Kapern, Limettensaft und Schnittlauch in einer Schüssel verrühren. Mit Salz und Pfeffer abschmecken. Vollkornbrot mit der Frischkäsemischung belegen.

6 Basilikumblättchen gründlich unter fließendem Wasser waschen, trocken schütteln und die Vollkornbrote damit garnieren.

TIPP Der Dip eignet sich ausgezeichnet zu Grillsteaks, Kartoffeln und grünem Salat.

Cremiger Frischkäse- und Rauke-Creme-Dip

FÜR DEN FRISCHKÄSE-DIPP (FÜR 4 PERSONEN)

- 250 g Crème fraîche oder Quark
- 200 g BUKO Balance
- 1 TL Senf
- 3 Essiggurken

PRO PORTION

- 1689 KJ (404 kcal)
- 31 g F ▪ 20 g E ▪ 8 g KH

FÜR DEN RAUKE-CREME-DIP (FÜR 4 PERSONEN)

- 200 g BUKO Active
- 2 EL Sahnejoghurt (3,5% Fett)
- 1 Bund Rauke
- 1 EL Walnusskerne
- 1 Schalotte
- Salz
- frisch gemahlener Pfeffer

ZUBEREITUNGSZEIT 15 MINUTEN

1 Für den Frischkäse-Dip Crème fraîche und BUKO Balance in einer Schüssel verrühren, Senf unterheben. Essiggurken fein würfeln und ebenfalls unterheben.

2 Für den Rauke-Creme-Dip BUKO Active und Joghurt in einer Schüssel verrühren. Rauke gründlich unter fließendem Wasser waschen, trocken tupfen und in feine Streifen schneiden.

3 Walnusskerne ohne Fett in einer Pfanne kurz anrösten. Walnüsse herausnehmen und fein hacken.

4 Schalotte schälen und fein würfeln, mit Rauke und Walnüssen unter die Frischkäsemischung heben. Gut mit Salz und Pfeffer abschmecken.

TIPP Die Rauke-Creme kann man sehr gut mit Gemüsesticks „dippen“. Hierfür eignet sich am besten in dickere Streifen geschnittenes Gemüse wie Paprika, Möhren, Chinakohl, Frühstücksgurken oder Staudensellerie.

Leichte Gerichte mit Fleisch und Fisch

Gegrillte Lammfleischspieße

FÜR 4 PERSONEN

- 750 g Lammfleisch
- 50 ml Olivenöl
- Saft von 1 Zitrone
- 1 TL Oregano
- ½ TL edelsüßes Paprikapulver
- 1 Prise Salz
- frisch gemahlener Pfeffer
- 2 Knoblauchzehen
- 3 rote Zwiebeln
- 2 rote Paprikaschoten
- 1 Zweig Rosmarin
- 20 g getrocknete Tomaten, in Öl eingelegt
- 400 g BUKO Toskana
- 2 EL Sahne

PRO PORTION

- 3409 KJ (815 kcal)
- 60 g F ▪ 57 g E ▪ 12 g KH

ZUBEREITUNGSZEIT 30 MINUTEN
MARINIERZEIT 5 STUNDEN

1 Lammfleisch kurz unter fließendem Wasser waschen, trocken tupfen, vom Fett befreien und in mundgerechte Stücke schneiden.

2 Öl in einer Schüssel mit Zitronensaft, Oregano, Paprikapulver, Salz und Pfeffer verrühren. Knoblauch schälen und sehr fein würfeln. Knoblauch und Lammfleisch in eine flache Schüssel geben, mit der Ölmischung übergießen und zugedeckt ca. 4–5 Stunden an einem kühlen Ort ruhen lassen.

3 Zwiebeln schälen und vierteln. Paprikaschoten putzen, gründlich unter fließendem Wasser waschen und würfeln.

4 Lammfleisch aus der Marinade nehmen und leicht abtupfen. Marinade zur Seite stellen. Rosmarin gründlich unter fließendem Wasser waschen. Fleischwürfel abwechselnd mit Zwiebeln, Paprika und Rosmarin auf Spieße stecken und mit Marinade bestreichen.

5 Spieße auf dem Holzkohlegrill oder im Backofengrill kurz angrillen, noch einmal mit Marinade bestreichen und weiter grillen lassen, bis das Fleisch durchgebraten, innen aber noch leicht rosa ist.

6 Tomaten über einem Sieb abtropfen lassen und in kleine Würfel schneiden. BUKO Toskana und Sahne glatt verrühren, Tomaten unterheben, mit Salz und Pfeffer abschmecken. Fleischspieße und Tomatencreme auf Tellern anrichten.

Scharfe Schweinefleischröllchen

PRO PORTION

- 1583 KJ (378 kcal)
- 20 g F - 42 g E - 6 g KH

FÜR 4 PERSONEN

- 4 Schweineschnitzel (à 150 g)
- 1 Schalotte
- 1 grüne Paprikaschote
- 1 gelbe Paprikaschote
- 2 Cocktailtomaten
- 100 g BUKO TexMex
- 100 g BUKO Provence
- Salz
- frisch gemahlener Pfeffer
- 2 EL Olivenöl
- 1 TL rote Pfefferkörner
- ½ Bund Petersilie
- 150 ml Gemüsebrühe
- 4 EL saure Sahne

TIPP Als Beilage eignen sich Bandnudeln. Wer die Sauce ein wenig variieren möchte, kann zum Verfeinern einen Schuss Wein unterrühren.

ZUBEREITUNGSZEIT 40 MINUTEN

1 Schweineschnitzel kurz unter fließendem Wasser waschen, trocken tupfen und auf eine Arbeitsfläche legen.

2 Schalotte schälen und fein würfeln. Paprikaschoten halbieren und putzen. Paprikahälften und Tomaten gründlich unter fließendem Wasser waschen. Tomaten halbieren und vom Stielansatz befreien. Paprika und Tomaten fein würfeln.

3 Für die Füllung Tomaten, Zwiebel und die Hälfte der Paprika in einer Schüssel mischen, BUKO TexMex und BUKO Provence unterheben.

4 Schweineschnitzel mit Salz und Pfeffer würzen. Füllung darauf verteilen, Schnitzel aufrollen und mit Zahnstochern befestigen.

5 Olivenöl in einer Pfanne erhitzen und Schnitzel darin von allen Seiten goldbraun anbraten. Hitze reduzieren, Schnitzel ca. 15 Minuten garen und herausnehmen.

6 Rote Pfefferkörner im Mörser zerstoßen. Restliche Paprikawürfel und Pfefferkörner in den Bratenfond geben und kurz anbraten. Petersilie gründlich unter fließendem Wasser waschen, trocken schütteln, Blättchen von den Stängeln zupfen und grob hacken.

7 Bratenfond mit Gemüsebrühe ablöschen und saure Sahne einrühren. Schnitzel in die Pfanne legen und Petersilie darüberstreuen.

Bunter Rindfleisch-Eintopf

FÜR 4 PERSONEN

- 500 g Rindergulasch
- 2 EL Sojasauce
- 2 Schalotten
- 1 Knoblauchzehe
- 2 Tomaten
- 1 Zucchini
- 1 kleine Dose Kidneybohnen (125 g Abtropfgewicht)
- 2 EL Öl
- 2 TL Currypulver
- 2 TL Cayennepfeffer
- 1 TL Paprikapulver, rosenscharf
- 150 ml Gemüsebrühe
- 200 g BUKO India
- 200 g saure Sahne
- 1 frische rote Peperoncini

PRO PORTION

- 2010 KJ (480 kcal)
- 28 g F · 49 g E · 10 g KH

ZUBEREITUNGSZEIT 90 MINUTEN

1 Fleisch kurz unter fließendem Wasser waschen, trocken tupfen und in eine flache Schüssel legen. Mit Sojasauce beträufeln, zudecken und ca. 20 Minuten kühl stellen.

2 Schalotten und Knoblauch schälen und grob würfeln. Tomaten gründlich unter fließendem Wasser waschen, vierteln und vom Stielansatz befreien. Zucchini putzen, gründlich unter fließendem Wasser waschen und grob würfeln. Kidneybohnen über einem Sieb abtropfen lassen.

3 Fleisch aus der Marinade nehmen. Öl in einem Topf erhitzen. Fleisch, Zwiebeln und Knoblauch darin von allen Seiten goldbraun anbraten.

4 Currypulver, Cayennepfeffer und Paprikapulver darüberstreuen. Mit Gemüsebrühe ablöschen.

5 BUKO India und saure Sahne unterheben. Zucchini und Kidneybohnen zugeben, alles bei geringer Hitze ca. 60 Minuten garen.

6 Peperoncini halbieren, von Stielansatz und Kernen befreien, gründlich unter fließendem Wasser waschen und in feine Ringe schneiden. Kurz vor Ende der Garzeit zum Eintopf geben.

TIPP Wer es gern weniger scharf mag, kann die Peperoncini durch milde Chiliflocken ersetzen oder ganz weglassen.

Mediterrane Putenröllchen

FÜR 4 PERSONEN

- 1 frische grüne Chilischote
- 1 Möhre
- 100 g BUKO Balance
- Salz
- frisch gemahlener Pfeffer
- Paprikapulver
- gemahlener Koriander
- gemahlener Kümmel
- etwas geriebene Muskatnuss
- Currypulver
- 4 Putenrouladen (à 150 g)
- 1 EL Olivenöl
- 2 TL Instant-Gemüsebrühe
- 1 EL Saucenbinder für dunkle Saucen

PRO PORTION

- 1229 KJ (307 kcal)
- 15 g F ▪ 9 g E ▪ 5 g KH

ZUBEREITUNGSZEIT 40 MINUTEN

1 Chilischote gründlich unter fließendem Wasser waschen, halbieren, von Kernen und weißen Innenhäuten befreien und in feine Streifen schneiden. Möhre putzen, schälen und mit einem Gemüsehobel fein raspeln.

2 Chilischote und Möhre in eine Schüssel geben, BUKO Balance unterheben. Mit Salz, Pfeffer, Paprikapulver, Koriander, Kümmel, Muskatnuss und Currypulver abschmecken.

3 Putenrouladen kurz unter fließendem Wasser waschen und trocken tupfen. Mit Frischkäsemischung bestreichen, aufrollen und mit Rouladennadeln befestigen.

4 Öl in einer Pfanne erhitzen und Rouladen von allen Seiten darin anbraten.

5 300 ml Wasser angießen, Gemüsebrühe darin auflösen und bei geschlossenem Deckel ca. 20 Minuten garen. Rouladen herausnehmen und warm stellen.

6 Fond mit Saucenbinder für dunkle Soßen binden. Rouladen auf Teller anrichten und mit der Sauce servieren.

Gefüllte Auberginen mit Tomatensauce

FÜR 4 PERSONEN

- 2 Knoblauchzehen
- 1 rote Paprikaschote
- 4 kleine Auberginen (à 250 g)
- 300 g Rinderhackfleisch
- 200 g BUKO Active
- 8 Stängel Thymian
- Salz
- frisch gemahlener Pfeffer
- 160 g geriebener Käse
- 1 kg Tomaten
- 2 Zwiebeln
- 2 TL Olivenöl

PRO PORTION

- 1594 KJ (380 kcal)
- 12 g F ▪ 25 g E ▪ 23 g KH

ZUBEREITUNGSZEIT 50 MINUTEN

1 Backofen auf 200 Grad vorheizen (Gas: Stufe 3). Knoblauch schälen und fein hacken. Paprikaschote, Aubergine und Thymian putzen und gründlich unter fließendem Wasser waschen.

2 Paprikaschote würfeln, Thymian trocken schütteln und Blättchen abzupfen, Aubergine längs halbieren, mit einem Löffel das Fruchtfleisch herausschälen und hacken.

3 Hackfleisch, Knoblauch, Paprikaschote, BUKO Active und die Hälfte der Thymianblättchen verkneten. Mit Salz und Pfeffer würzen. Füllung in die Auberginen verteilen und etwas andrücken. Mit Käse bestreuen und im Backofen ca. 25 Minuten überbacken.

4 Tomaten gründlich unter fließendem Wasser waschen, vierteln, vom Stielansatz befreien, entkernen und würfeln. Zwiebeln schälen und fein hacken.

5 Öl in einem Topf erhitzen und Zwiebeln darin glasig andünsten. Tomaten und restlichen Thymian zugeben und ca. 10 Minuten kochen. Mit Salz und Pfeffer abschmecken. Auberginen mit Tomatensauce auf Tellern anrichten.

Lammrücken à la Provence

FÜR 4 PERSONEN

- 1 Knoblauchzehe
- 1 kg Lammrücken (ersatzweise 1 Lammkeule)
- frisch gemahlener Pfeffer
- Paprikapulver
- ½ Bund Rosmarin
- ½ Bund Thymian
- ½ Bund Petersilie
- 200 g BUKO Provence
- 10 Scheiben durchwachsener Speck

PRO PORTION

- 2474 KJ (591 kcal)
- 35 g F · 66 g E · 3 g KH

ZUBEREITUNGSZEIT 110 MINUTEN

1 Knoblauch schälen und vierteln. Lamm kurz unter fließendem Wasser waschen, trocken tupfen und mit Knoblauch spicken. Mit Pfeffer und Paprikapulver würzen.

2 Rosmarin, Thymian und Petersilie gründlich unter fließendem Wasser waschen, trocken schütteln, Blättchen von den Stängeln zupfen und fein hacken.

3 BUKO Provence in eine Schüssel geben und Kräuter unterheben.

4 Backofen auf 170 Grad (Gas: Stufe 2) vorheizen. Backpapier auf der Arbeitsfläche ausbreiten, Lamm daraufsetzen, oben mit der Hälfte der BUKO-Masse bestreichen.

5 Lamm wenden, restliche BUKO-Masse darauf verteilen. In Backpapier einschlagen, in eine Bratpfanne legen und im Backofen ca. 90 Minuten garen.

6 Speck in einer Pfanne knusprig anbraten und zum Lamm servieren.

MEINE BUKO-REZEPT-EMPFEHLUNG

Die frischen Kräuter und BUKO Provence harmonieren geschmacklich wunderbar mit dem Lammrücken.

Besonders appetitlich sieht das Lamm aus, wenn Sie es auf einem Bett aus Pflücksalat servieren. Dazu passen hervorragend Bratkartoffeln und Bohnen im Speckmantel oder Bohnensalat.

Anja H., Hamm

BUKO

Gefüllte Fischröllchen

FÜR 4 PERSONEN

- 4 Schollenfilets ohne Haut (à 400 g)
- Salz
- Saft von 1 Zitrone
- 250 g Tomaten
- 1 Bund Dill
- frisch gemahlener Pfeffer
- 200 g BUKO Pikante Kräuter
- 1 EL Butter
- 1 Kopfsalat

ZUBEREITUNGSZEIT 40 MINUTEN

1 Schollenfilets kurz unter fließendem Wasser waschen, trocken tupfen, salzen und mit der Hälfte des Zitronensaftes beträufeln.

2 Salzwasser in einem Topf erhitzen, Tomaten darin kurz blanchieren, herausnehmen, häuten, vom Stielansatz befreien und in Würfel schneiden. Dill gründlich unter fließendem Wasser waschen, trocken schütteln und fein hacken. Dill unter die Tomaten heben und mit Salz und Pfeffer abschmecken.

3 Fischfilets mit BUKO Pikante Kräuter ganzflächig bestreichen. Tomatenwürfel auf den Fischfilets verteilen und von der dünnen Seite einrollen. Mit einem Zahnstocher befestigen.

4 Butter in einer Pfanne erwärmen, Fischröllchen bei kleiner Hitze beidseitig braten, herausnehmen und Zahnstocher entfernen.

5 Kopfsalat putzen, gründlich unter fließendem Wasser waschen und in mundgerechte Stücke zupfen. Salatblätter auf einem Teller anrichten, mit restlichem Zitronensaft beträufeln und die Fischröllchen darauf anrichten.

PRO PORTION

- 1074 KJ (257 kcal)
- 12 g F · 13 g E · 12 g KH

Pasta mit Meerrettich-Fisch-Sauce

PRO PORTION

- 3835 KJ (916 kcal)
- 25 g F ▪ 57 g E ▪ 116 g KH

FÜR 4 PERSONEN

- 500 g tiefgekühlte Lachsfilets
- 3 Gemüsezwiebeln
- 2 Knoblauchzehen
- 4 EL Olivenöl
- 1 kleine Dose Erbsen (140 g Abtropfgewicht)
- 1 kleine Dose Mais (140 g Abtropfgewicht)
- 200 ml Fischfond
- Salz
- 600 g Bandnudeln
- 2 EL Fischpaste (z. B. Hummerpaste)
- 100 g BUKO Meerrettich
- 4 TL Meerrettich
- frisch gemahlener Pfeffer
- ½ Bund Schnittlauch

ZUBEREITUNGSZEIT 20 MINUTEN

1 Lachsfilets auftauen lassen, kurz unter fließendem Wasser waschen, trocken tupfen und in große Stücke schneiden.

2 Zwiebeln und Knoblauch schälen und fein hacken. Öl in einer Pfanne erhitzen, Lachs darin kurz anbraten und herausnehmen. Zwiebeln und Knoblauch in die Pfanne geben und anbraten.

3 Erbsen und Mais über einem Sieb gut abtropfen lassen und in die Pfanne geben. Mit Fischfond ablöschen.

4 Salzwasser in einem Topf erhitzen und Bandnudeln darin nach Packungsanweisung bissfest garen.

5 Fischpaste, BUKO Meerrettich und Meerrettich unter das Gemüse heben und mit Salz und Pfeffer abschmecken.

6 Schnittlauch gründlich unter fließendem Wasser waschen, trocken schütteln und in feine Röllchen schneiden. Lachs wieder auf das Gemüse setzen und Schnittlauch darüberstreuen. Mit Nudeln anrichten.

Gefüllte Zucchini mit Shrimps

PRO PORTION

- 1197 KJ (286 kcal)
- 16 g F · 17 g E · 17 g KH

FÜR 4 PERSONEN

- 600 g Zucchini (entweder 2 große oder 4 kleine)
- 2 EL Olivenöl
- 1 Zwiebel
- 300 g festkochende Kartoffeln
- 300 ml Gemüsebrühe
- 150 g Shrimps
- ½ Bund Petersilie
- 200 g BUKO Waldbärlauch
- Salz
- frisch gemahlener Pfeffer
- 1 EL geriebener Parmesan

ZUBEREITUNGSZEIT 60 MINUTEN

1 Die Zucchini gründlich unter fließendem Wasser waschen, der Länge nach halbieren (je nach Größe zusätzlich noch einmal quer halbieren). Mit einem Löffel Fruchtfleisch herausschälen und fein hacken. Eine Auflaufform mit 1 EL Olivenöl ausstreichen und Zucchinihälften hineinlegen.

2 Backofen auf 180 Grad vorheizen (Gas: Stufe 2).

3 Zwiebel schälen und fein würfeln. Restliches Olivenöl in einer Pfanne erhitzen und Zwiebel darin kurz anschwitzen. Zucchinifleisch zugeben und unter Rühren so lange anschwitzen, bis die Flüssigkeit verdunstet ist.

4 Kartoffeln schälen, waschen und in ½ cm große Würfel schneiden, zu den Zucchini in die Pfanne geben und mit Gemüsebrühe ablöschen. Mit geschlossenem Deckel bissfest garen. Deckel entfernen und so lange weiterkochen, bis die Flüssigkeit verdunstet ist.

5 Shrimps unter fließendem Wasser kurz waschen und trocken tupfen. Petersilie gründlich unter fließendem Wasser waschen, trocken schütteln und fein hacken. Shrimps, Petersilie und BUKO Waldbärlauch vorsichtig unter die Zucchini-Kartoffel-Mischung heben, mit Salz und Pfeffer abschmecken und auf die Zucchinihälften verteilen.

6 Geriebenen Parmesan darüber streuen und auf der untersten Schiene 15 Minuten überbacken, nach ca. 10 Minuten Grillfunktion zuschalten.

Gefüllte Fischpäckchen mit Mangold

FÜR 4 PERSONEN

- 8 Fischfilets (à 100 g; z. B. Felchen)
- Saft von 3 Zitronen
- 4 Mangoldblätter (ersatzweise 8 große Spinatblätter)
- Salz
- 200 g BUKO Waldbärlauch
- 1 EL mittelscharfer Senf
- frisch gemahlener Pfeffer
- Fett für die Form
- 200 ml Gemüsebrühe
- 100 g Sahne
- 1 TL Speisestärke
- 20 g Butter
- ½ TL Nelkenpulver
- 2 EL Parmesan

PRO PORTION

- 2663 KJ (636 kcal)
- 32 g F ▪ 60 g E ▪ 28 g KH

ZUBEREITUNGSZEIT 40 MINUTEN

1 Fischfilets kurz unter fließendem Wasser waschen, trocken tupfen und mit 1 Esslöffel Zitronensaft beträufeln.

2 Mangold putzen und gründlich unter fließendem Wasser waschen. In einem großen Topf Salzwasser zum Kochen bringen, Mangold darin kurz blanchieren, herausnehmen und abtropfen. Mangold auf der Arbeitsfläche ausbreiten. Backofen auf 200 Grad (Gas: Stufe 3) vorheizen.

3 Für die Füllung BUKO Waldbärlauch und Senf in einer Schüssel mischen. Mit Salz und Pfeffer abschmecken. Hälfte der BUKO-Masse auf den Mangoldblättern verteilen, jeweils 2 Fischfilets daraufsetzen und restliche BUKO-Masse darüber verteilen. Mangold aufrollen und befestigen.

4 Gratinform mit Fett einstreichen und Mangoldpäckchen hineinsetzen.

5 Für die Sauce Gemüsebrühe, Sahne, Speisestärke in einem Topf mischen und unter Rühren 4–5 Minuten leicht kochen. Butter, restlichen Zitronensaft und Nelkenpulver zugeben. Mit Pfeffer abschmecken.

6 Sauce über den Mangoldpäckchen verteilen, mit Parmesan bestreuen und im Backofen ca. 20 Minuten gratinieren.

MEINE BUKO-REZEPT-EMPFEHLUNG

Die gefüllten Fischpäckchen kann man sehr vielfältig einsetzen: Als eigenständiges Hauptgericht sind sie eine leckere Alternative zu herkömmlich zubereiteten Fischfilets und als leichte Vorspeise serviert, beginnt ein festliches Essen mit mehreren Gängen gleich mit dem ersten Höhepunkt. Als Vorspeise reicht pro Person die halbe Menge der im Rezept genannten Zutaten.

Einen besonderen Pfiff erhält das Gericht, wenn man dazu Safranreis serviert.

Rosemarie B., Freiburg i. Br.

Bunte Gemüse-Vielfalt

Lasagne mit Spinat und Schinken

FÜR 4 PERSONEN

- 500 g frischer Blattspinat
- Salz
- 1 Knoblauchzehe
- frisch gemahlener Pfeffer
- etwas abgeriebene Muskatnuss
- Zucker
- 200 g BUKO Der Sahnige
- 2 Fleischtomaten
- 200 g Lasagneblätter
- 1 Zwiebel
- 1 EL Öl
- 1 Dose passierte Tomaten (500 g Abtropfgewicht)
- 50 g gekochter Schinken
- 75 g geriebener Pizzakäse

PRO PORTION

- 955 KJ (239 kcal)
- 19 g F · 17 g E · 42 g KH

ZUBEREITUNGSZEIT 70 MINUTEN

1 Backofen auf 200 Grad vorheizen (Gas: Stufe 3).

2 Blattspinat gründlich unter fließendem Wasser waschen. In einem großen Topf Salzwasser zum Kochen bringen, Spinat darin kurz blanchieren, herausnehmen und leicht ausdrücken.

3 Knoblauchzehe schälen und klein würfeln, zusammen mit dem Spinat in einem Topf ca. 10 Minuten andünsten. Mit Salz, Pfeffer, Muskatnuss und Zucker abschmecken.

4 BUKO Der Sahnige vorsichtig unterrühren.

5 Fleischtomaten gründlich unter fließendem Wasser waschen, halbieren, vom Stielansatz befreien und in Scheiben schneiden. Mit der Hälfte der Tomatenscheiben den Boden einer Auflaufform auslegen.

6 Abwechselnd Lasagneblätter und Spinat einschichten. Mit restlichen Tomatenscheiben bedecken.

7 Zwiebel schälen und würfeln. Öl in einem Topf erhitzen und Zwiebel darin andünsten. Passierte Tomaten zugeben und mit Salz, Pfeffer und Zucker abschmecken.

8 Schinken klein würfeln, zugeben und alles über den Auflauf verteilen. Pizzakäse darüberstreuen und im Backofen ca. 40 Minuten überbacken.

Nudelauflauf Kunterbunt

PRO PORTION

- 3094 KJ (740 kcal)
- 16 g F ▪ 23 g E ▪ 124 g KH

FÜR 4 PERSONEN

- 500 g bunte Nudeln
- 1 kleine Zucchini
- 4 Tomaten
- 100 g Zuckerschoten
- 300 g Möhren
- 100 g Champignons
- 1 kleine Dose Mais (140 g Abtropfgewicht)
- 1 kleine Dose Erbsen (140 g Abtropfgewicht)
- 1 Doppelpackung Instant-Kräutersauce
- 200 g BUKO Der Sahnige

ZUBEREITUNGSZEIT 40 MINUTEN

1 Backofen auf 180 Grad vorheizen (Gas: Stufe 2). In einem Topf Salzwasser zum Kochen bringen, Nudeln nach Packungsanweisung bissfest garen und über einem Sieb abtropfen lassen.

2 Zucchini, Tomaten und Zuckerschoten putzen und gründlich unter fließendem Wasser waschen. Zucchini in Scheiben schneiden. Tomaten halbieren, vom Stielansatz befreien, entkernen und würfeln. Zuckerschoten schräg halbieren.

3 Möhren putzen, schälen und in Scheiben schneiden. Champignons putzen, mit Küchenkrepp abreiben und in Viertel schneiden. Mais und Erbsen abtropfen lassen.

4 In einem Topf 500 ml Wasser zum Kochen bringen, Instant-Kräutersauce einstreuen und unter Rühren darin auflösen, ca. 1 Minute weiterkochen, gelegentlich umrühren.

5 Zucchini, Tomaten, Zuckerschoten, Möhren, Champignons und Mais zugeben.

6 BUKO Der Sahnige unterheben. Nudeln zugeben, alles in eine Auflaufform geben und ca. 15–20 Minuten überbacken.

Frischkäseplätzchen mit Spinat und Ei

FÜR 4 PERSONEN

- 500 g Blattspinat
- Salz
- 1 Schalotte
- 1 Knoblauchzehe
- 3 EL Olivenöl
- frisch gemahlener Pfeffer
- etwas abgeriebene Muskatnuss
- 150 g BUKO Balance
- 5 EL Milch
- 6 EL Pflanzenöl
- ½ TL Salz
- 250 g Mehl
- ½ Päckchen Backpulver
- Mehl für die Arbeitsfläche
- 6 hart gekochte Eier
- 150 g BUKO Toskana
- 1 Ei

PRO PORTION

- 2395 KJ (572 kcal)
- 31 g F · 22 g E · 48 g KH

ZUBEREITUNGSZEIT **80 MINUTEN**

1 Blattspinat putzen und gründlich unter fließendem Wasser waschen. In einem großen Topf Salzwasser zum Kochen bringen, Spinat darin kurz blanchieren, herausnehmen und leicht ausdrücken.

2 Schalotte und Knoblauch schälen und fein würfeln. Olivenöl in einem Topf erhitzen, Schalotte und Knoblauch zufügen und darin glasig dünsten.

3 Spinat zugeben und 5–10 Minuten mitdünsten. Mit Salz, Pfeffer und Muskatnuss abschmecken.

4 Für den Teig BUKO Balance, Milch, Öl und Salz in einer Schüssel vermischen. Mehl und Backpulver mischen, unterheben und mit dem Knethacken zu einem glatten Teig verarbeiten.

5 Backofen auf 175 Grad (Gas: Stufe 2) vorheizen.

6 Mit den Händen nochmals gut durchkneten und auf einer bemehlten Arbeitsfläche zu einer Rolle (ca. 18 cm Länge) formen. Rolle in 9 gleich große Teile schneiden. Backblech mit Öl einstreichen, Teigscheiben darauflegen, in die Mitte eine leichte Mulde drücken und im Backofen ca. 12 Minuten backen.

7 Gekochte Eier pellen und in Scheiben schneiden. BUKO Toskana, Ei, Salz und Pfeffer mischen.

8 Ölteig aus dem Backofen nehmen, BUKO-Mischung darauf verteilen und mit Eierscheiben belegen. Plätzchen weitere 8 Minuten im Backofen backen, herausnehmen und auf dem Spinat anrichten.

BUKO
Toskana

Grill-Tomaten-Spieße

FÜR 4 PERSONEN

- 300 g Cherrytomaten am Stiel
- 200 g gelbe Paprikaschote
- 1 Zucchini
- 1 Bund Basilikum
- 100 g Speck
- 200 g BUKO Pfeffer
- Salz
- frisch gemahlener Pfeffer
- Butterschmalz zum Anbraten

ZUBEREITUNGSZEIT 30 MINUTEN

1 Cherrytomaten gründlich unter fließendem Wasser waschen, an der Stielseite einen kleinen Deckel abschneiden und mit einem Teelöffel aushöhlen.

2 Paprikaschote und Zucchini putzen und gründlich unter fließendem Wasser waschen. Paprikaschote in größere Stücke, Zucchini in Scheiben schneiden.

3 Basilikum gründlich unter fließendem Wasser waschen, trocken schütteln und Blättchen von den Stängeln zupfen. Speck in große Stücke schneiden.

4 Ausgehöhlte Tomaten mit BUKO Pfeffer füllen und abwechselnd mit Speck, Paprikastückchen, Zucchinischeiben und Basilikum auf 4 lange Holzspieße stecken. Mit Salz und Pfeffer würzen.

5 Butterschmalz in einer Pfanne bei kleiner Hitze erwärmen und die Spieße darin so garen, dass die Öffnung der gefüllten Tomaten immer oben ist (Tomaten entsprechend drehen).

PRO PORTION

- 1338 KJ (320 kcal)
- 29 g F · 10g E · 5 g KH

Risotto mit Waldbärlauch und grünem Spargel

PRO PORTION

- 1822 KJ (457 kcal)
- 27 g F - 12 g E - 46 g KH

FÜR 4 PERSONEN

- 700 g grüner Spargel
- ½ TL Zucker
- ½ TL Salz
- 5 EL Weißweinessig
- 1 Zwiebel
- 2 EL Butter
- 200 g Risottoreis
- 500 ml Gemüsebrühe
- 200 g BUKO Waldbärlauch
- 2 EL Bärlauchpesto
- frisch gemahlener Pfeffer

ZUBEREITUNGSZEIT 45 MINUTEN

1 Spargel waschen, holzige Enden entfernen und Spargelstangen in 1 cm lange Stücke schneiden.

2 In einem Topf Wasser sprudelnd aufkochen, Zucker, Salz, Essig und Spargelstücke zugeben. Bei kleiner Flamme ca. 5 Minuten ziehen lassen. Spargel aus dem Wasser nehmen, kalt abschrecken und über einem Sieb abtropfen lassen.

3 Zwiebel schälen und fein würfeln. In einem Topf Butter erhitzen und Zwiebelwürfel darin ohne Farbe anschwitzen.

4 Risottoreis zugeben und so lange anschwitzen, bis alle Reiskörner mit Butter überzogen sind. Mit etwas Gemüsebrühe ablöschen und Hitze reduzieren. So lange unter ständigem Rühren weiterkochen und immer wieder etwas Gemüsebrühe zugießen, bis der Reis fertig ist.

5 BUKO Waldbärlauch, Pesto und Spargel vorsichtig unterheben, kurz umrühren und noch einmal kurz aufkochen lassen. Mit Salz und Pfeffer abschmecken. Sofort servieren.

Frischkäseravioli mit Kürbistatar

FÜR 4 PERSONEN

- 300 g Mehl
- 2 Eier
- 5 Eigelbe
- 1 TL Meersalz
- 2 Scheiben Toastbrot
- 50 g geriebener Parmesan
- 200 g BUKO Der Sahnige
- Salz
- frisch gemahlener weißer Pfeffer
- 5 Eiweiß
- 450 g Muskatkürbis
- 2 EL Butter, Zucker
- 20 ml Apfelessig
- ½ Bund Salbei
- 1 Stange Lauch
- 60 g Amarettini

PRO PORTION

- 2248 KJ (537 kcal)
- 22 g F ▪ 23 g E ▪ 61 g KH

ZUBEREITUNGSZEIT 50 MINUTEN

1 Für den Ravioliteig Mehl auf eine Arbeitsfläche sieben und in die Mitte eine Mulde drücken.

2 Eier, 4 Eigelbe und Meersalz mischen, in die Mulde gießen. Von der Mitte aus zügig zu einem glatten Teig verarbeiten. Teig in Klarsichtfolie wickeln und 30 Minuten kalt stellen.

3 Für die Füllung Toastbrot von der Rinde befreien und zerkrümeln. Parmesan, BUKO Der Sahnige und restliches Eigelb zugeben und vermengen. Mit Salz und Pfeffer abschmecken.

4 Ravioliteig teilen, sehr dünn ausrollen und eine Lage mit Eiweiß einstreichen. Mit einem Teelöffel kleine Portionen der Füllung daraufsetzen. Zweite Lage Nudelteig darüberlegen und Ravioli ausstechen.

5 In einem Topf Salzwasser zum Kochen bringen. Ravioli zugeben und bei schwacher Hitze bissfest garen, herausnehmen und abtropfen.

6 Für das Tatar Kürbis schälen, vierteln, von Fasern und Kernen befreien. Fruchtfleisch fein würfeln. ½ Esslöffel Butter in einer Pfanne erhitzen, Kürbisfleisch darin leicht anbraten. Mit 20 g Zucker bestreuen, karamellisieren und mit Essig ablöschen. Kürbis gar dünsten, mit Salz abschmecken.

7 Salbei gründlich unter fließendem Wasser waschen, trocken schütteln, Blättchen von den Stielen zupfen und fein hacken. Lauch putzen, gründlich unter fließendem Wasser waschen und in Streifen schneiden.

8 Restliche Butter in einer Pfanne erhitzen, Salbei und Lauch darin bei mittlerer Hitze goldbraun braten. Mit Salz und Zucker abschmecken. Amarettini grob zerbröseln.

9 Kürbistatar auf vorgewärmte Teller verteilen, mit Ravioli und Lauch anrichten und mit den Keksbröseln bestreuen.

MEINE BUKO-REZEPT-EMPFEHLUNG

Das Raffinierte und Einzigartige an den Frischkäseravioli mit Kürbistatar ist die Kombination von weich über cremig bis knusprig sowie der Mix aus mildem Käsearoma und dem Gemüse-Kräuter-Geschmack mit Bittermandelnote.

Ein besonderer Partyspaß ist das Rezept, wenn Sie die Ravioli nicht schon allein vorbereiten, sondern erst zusammen mit Ihren Gästen herstellen und zubereiten. Die fertige Pasta dann ganz einfach auf einer extralangen Platte anrichten, in die Tischmitte stellen, jeden Gast mit einer Gabel ausstatten und dann alle daraus essen.

Pio, Hamburg

Sesamkartoffeln vom Blech

FÜR 4 PERSONEN

- 4–8 Kartoffeln
- Salz
- 1 Stängel Rosmarin
- 3 EL Sesamkörner
- 4 ½ EL Olivenöl
- frisch gemahlener Pfeffer
- 1 Stängel Kerbel
- 200 g BUKO Gartenkräuter
- 100 ml Milch

ZUBEREITUNGSZEIT 40 MINUTEN

1 Kartoffeln waschen und nicht schälen. In einem Topf Salzwasser erhitzen und Kartoffeln darin ca. 12 Minuten halbgar kochen, herausnehmen, abkühlen lassen und in Scheiben schneiden.

2 Backofen auf 180 Grad vorheizen (Gas: Stufe 2).

3 Rosmarin gründlich unter fließendem Wasser waschen, trocken schütteln, Nadeln von den Stängeln zupfen und grob hacken. Rosmarin und Sesamkörner in einer kleinen Schale mischen.

4 Ein Backblech mit 2 EL Olivenöl bestreichen und Kartoffelscheiben darauflegen. Kartoffelscheiben mit 2 EL Olivenöl bestreichen und Kräutermischung darüberstreuen. Mit Salz und Pfeffer würzen. Kartoffeln im Backofen ca. 10 Minuten goldbraun backen.

5 Kerbel gründlich unter fließendem Wasser waschen, trocken schütteln und fein hacken. BUKO Gartenkräuter mit Milch, Kerbel, Salz und Pfeffer und ½ EL Olivenöl glatt rühren und zu den fertigen Kartoffeln servieren.

PRO PORTION

- 1141 KJ (273 kcal)
- 16 g F ▪ 11 g E ▪ 19 g KH

Gefüllte Kartoffeln

FÜR 4 PERSONEN

- 800 g Kartoffeln
- Salz
- 600 g Möhren
- 20 g Butter
- 1 Knoblauchzehe
- 3 EL Kürbiskerne
- ½ Bund Basilikum
- 1 Ei
- 100 g BUKO Balance
- frisch gemahlener Pfeffer
- 1 TL getrockneter Majoran
- ½ TL Paprikapulver
- ½ TL gemahlener Kümmel
- 1 TL getrockneter Rosmarin
- 1 Päckchen Sauce hollandaise (Instant)
- 50 g geriebener Gratinkäse

PRO PORTION

- 1805 KJ (432 kcal)
- 13 g F ▪ 14 g E ▪ 63 g KH

ZUBEREITUNGSZEIT 60 MINUTEN

1 Backofen auf 200 Grad vorheizen (Gas: Stufe 3). Kartoffeln waschen. In einem Topf Salzwasser erhitzen und Kartoffeln darin kochen, herausnehmen und schälen.

2 Für die Füllung Möhren putzen, schälen und klein würfeln. 3 Esslöffel gewürfelte Möhren zur Seite stellen. Butter in einer Pfanne erhitzen und Möhren darin 5 Minuten dünsten.

3 Knoblauch schälen, fein würfeln, zufügen, kurz mitdünsten, vom Herd nehmen und etwas abkühlen lassen. Möhren-Knoblauch-Mischung pürieren.

4 Kürbiskerne hacken. Basilikum gründlich unter fließendem Wasser waschen, trocken schütteln, Blättchen von den Stängeln zupfen und die Hälfte fein hacken.

5 Ei trennen. Eiweiß in einem hohen Gefäß steif schlagen. Eigelb, BUKO Balance, die gehackten Basilikumblätter, restliche Möhrenwürfel und Kürbiskerne zu den pürierten Möhren geben. Mit Pfeffer, Majoran, Paprikapulver, Kümmel und Rosmarin kräftig abschmecken.

6 Kartoffeln der Länge nach halbieren und mit der Schnittfläche nach oben in eine Auflaufform geben. Füllung darauf verteilen. 250 ml Wasser erwärmen. Sauce hollandaise einstreuen, unter Rühren darin auflösen und aufkochen. Eiweiß unterheben und alles über die gefüllten Kartoffeln geben. Mit Gratinkäse bestreuen und im Backofen ca. 35 Minuten überbacken.

7 Vor dem Servieren mit Basilikumblättchen garnieren.

Vegetarische Gemüsetürmchen

FÜR 4 PERSONEN

- 500 g Fleischtomaten
- 1 gelbe Paprikaschote
- 1 grüne Paprikaschote
- 1 Aubergine
- 2 Zucchini
- 2 Schalotten
- 2 Knoblauchzehen
- 1 Stängel Rosmarin
- 1 Stängel Thymian
- 1 Stängel Estragon
- 1 Salbeiblatt
- 2 EL Olivenöl
- 100 ml Gemüsebrühe
- Saft von ½ Zitrone
- Salz
- frisch gemahlener Pfeffer
- 1 Zwiebel
- 700 g Kartoffeln
- 4 Eier
- Butterschmalz
- 200 g BUKO Provence

PRO PORTION

- 2290 KJ (547 kcal)
- 29 g F - 20 g E - 50 g KH

ZUBEREITUNGSZEIT 40 MINUTEN

1 Tomaten vom Stielansatz befreien, einritzen, mit kochendem Wasser überbrühen, häuten und Fruchtfleisch grob würfeln. Paprika, Aubergine und Zucchini putzen und gründlich unter fließendem Wasser waschen. Paprika halbieren und in Streifen schneiden, Aubergine und Zucchini grob würfeln.

2 Schalotten und Knoblauch schälen und fein würfeln. Kräuter gründlich unter fließendem Wasser waschen, trocken schütteln, Blättchen von den Stängeln zupfen und grob hacken.

3 Öl in einem Topf erhitzen, Gemüse, Schalotten und Knoblauch darin anbraten. Mit Brühe ablöschen. Kräuter und Zitronensaft zugeben, mit Salz und Pfeffer würzen und gar kochen.

4 Zwiebel schälen und fein hacken. Kartoffeln schälen, waschen, fein raspeln und in einem Geschirrtuch ausdrücken. Kartoffelmasse mit den Zwiebeln in eine Schüssel geben, Eier unterheben und mit Salz und Pfeffer würzen. Butterschmalz in einer Pfanne erhitzen, aus der Kartoffelmasse kleine Puffer formen und darin goldgelb ausbacken.

5 Backofen auf 200 Grad (Gas: Stufe 3) vorheizen. Gemüse über einem Sieb abtropfen lassen. Backblech mit Backpapier auslegen und die Hälfte der Puffer darauf verteilen. Puffer mit der Hälfte der Gemüsemischung belegen und 1 Esslöffel BUKO Provence darauf verteilen. Das Ganze nochmals wiederholen und Gemüsetürmchen ca. 5 Minuten im Backofen backen.

MEINE BUKO-REZEPT-EMPFEHLUNG

Die vegetarischen Gemüsetürmchen sind nicht nur ein optischer Hingucker, sondern passen auch zu jeder Jahreszeit gut aufs Buffet – egal ob zur Grillparty oder zum Brunch. Dabei ist die Zubereitung sehr leicht. Selbst Anfänger werden für diese kulinarische Attraktion viel Lob von ihren Gästen ernten.

Wenn Sie gern Fisch essen, lassen sich die Türmchen auch leicht variieren: Legen Sie einfach zwischen die Gemüseteilchen ein paar Scheiben geräucherten Lachs und fertig sind die Lachs-Gemüse-Türmchen.

Carola B., Berlin

Kulinarische Weltreise

Vegetarische Burritos

FÜR 4 PERSONEN

- 8 Wraps à 20 cm Durchmesser
- 200 g BUKO TexMex
- 1 kleiner Blattsalat (z. B. Lollo Biondo)
- 1 Möhre, 1 kleine Gurke
- 1 rote Paprikaschote
- 4 reife Strauchtomaten
- 1 kleine Dose Kidneybohnen (125 g Abtropfgewicht)
- 1 kleine Dose Mais (140 g Abtropfgewicht)
- ½ Bund Petersilie
- frisch gemahlener Pfeffer

PRO PORTION

- 1249 KJ (299 kcal)
- 14 g F · 10,5 g E · 33 g KH

ZUBEREITUNGSZEIT 20 MINUTEN

1 Wraps auf der Arbeitsfläche ausbreiten und mit BUKO TexMex bestreichen.

2 Salat und Paprikaschote gründlich unter fließendem Wasser waschen. Salat trocken schleudern und auf den Burritos verteilen. Möhre, Gurke und Paprikaschote putzen. Möhre und Gurke schälen, Gemüse in dünne Streifen schneiden.

3 Tomaten gründlich unter fließendem Wasser waschen, halbieren, vom Stielansatz befreien und quer in Scheiben schneiden. Kidneybohnen und Mais über einem Sieb abtropfen lassen.

4 Alle Zutaten auf den Wraps verteilen. Petersilie waschen, trocken schütteln, vom Stängel zupfen und grob hacken. Über den Wraps verteilen und mit Pfeffer würzen, anschließend zu einer Rolle formen. Restlichen Frischkäse dazu servieren.

TIPP Natürlich können Sie auch andere Zutaten verwenden wie beispielsweise Avocado, Radieschen oder Kresse.

Empanadas

FÜR 4 PERSONEN

- 1 Päckchen Trockenhefe
- 1 TL Zucker
- 400 g Mehl
- Salz
- 125 ml lauwarme Milch
- 1 EL Olivenöl
- 6 große Tomaten
- 1 Glas entsteinte grüne Oliven
- 2 Zwiebeln
- 1 Knoblauchzehe
- 200 g BUKO Pikante Kräuter
- frisch gemahlener Pfeffer
- 100 g Serrano-Schinken

PRO PORTION

- 2524 KJ (603 kcal)
- 16 g F · 23 g E · 87 g KH

ZUBEREITUNGSZEIT 120 MINUTEN

1 Hefe und Zucker in 125 ml lauwarmes Wasser einrühren. Mit einem Schneebesen zu einer glatten Masse verarbeiten und ca. 15 Minuten bei Zimmertemperatur ruhen lassen, bis sich der Teig verdoppelt hat.

2 Mehl sieben. Mehl und 1 TL Salz in eine Rührschüssel geben, in die Mitte eine Vertiefung drücken und die Hefe-Zucker-Mischung vorsichtig mit einem Esslöffel einrühren.

3 Milch, 1 EL Olivenöl und – wenn nötig – ein wenig Mehl zugeben. Teig ca. 45 Minuten ruhen lassen.

4 Teig auf einer bemehlten Fläche 1–2 cm dick ausrollen und runde Flächen (15 cm Durchmesser) ausschneiden. Nochmals kurz von beiden Seiten ausrollen.

5 Backofen auf 170 Grad vorheizen (Gas: Stufe 2).

6 Tomaten gründlich unter fließendem Wasser waschen, halbieren, vom Stielansatz befreien und klein würfeln. Oliven über einem Sieb abtropfen lassen und klein schneiden. Zwiebeln und Knoblauch schälen und fein würfeln.

7 Restliches Olivenöl in einer Pfanne erhitzen, Tomaten, Oliven und Zwiebeln darin scharf anbraten. BUKO Pikante Kräuter unterheben, mit Salz und Pfeffer abschmecken.

8 Serrano-Schinken fein schneiden und zugeben. Die Füllung 20 Minuten auskühlen lassen.

9 Teig in eine Form geben, mit Füllung bestreichen, zweite Teigfläche darüberlegen und im Backofen ca. 20 Minuten backen. Auskühlen lassen.

Indisches Gemüsecurry

FÜR 4 PERSONEN

- 2 Frühlingszwiebeln
- 1 cm Ingwer
- 200 g Hackfleisch
- 200 g BUKO India
- 1 Ei
- 50 g Paniermehl
- Salz
- frisch gemahlener Pfeffer
- ½ TL Zimt
- 1 TL gemahlener Koriander
- ½ TL Kurkumapulver
- 3 TL Pflanzenöl zum Anbraten
- 1 Gemüsezwiebel
- 2 Knoblauchzehen
- 3 EL Olivenöl
- 320 ml Kokosmilch
- 400 ml Gemüsebrühe
- 2 mittelgroße Möhren
- 150 g Bohnen
- 250 g Blumenkohl
- 100 g Okraschoten
- 2 TL Kreuzkümmel

PRO PORTION

- 1876 KJ (469 kcal)
- 28 g F ▪ 21 g E ▪ 25 g KH

ZUBEREITUNGSZEIT 45 MINUTEN

1 Frühlingszwiebeln putzen, gründlich unter fließendem Wasser waschen und in dünne Ringe schneiden. Ingwer schälen und fein hacken.

2 Frühlingszwiebeln, Ingwer, Hackfleisch, 100 g BUKO India, Ei und Paniermehl in einer Schüssel mischen. Mit Salz, Pfeffer, Zimt, Koriander und Kurkuma würzen.

3 Mit zwei Teelöffeln gleich große Portionen ausstechen und mit angefeuchteten Händen zu runden Bällchen formen.

4 In einer großen Pfanne Öl erhitzen und die Bällchen darin unter leichtem Schwenken gleichmäßig goldbraun anbraten. Bällchen aus der Pfanne nehmen und auf einen Teller legen.

5 Für das Curry Gemüsezwiebel und Knoblauch schälen und fein hacken.

6 In einer Pfanne Olivenöl erhitzen, Zwiebel und Knoblauch zugeben und unter Rühren anschwitzen. Mit Kokosmilch und Gemüsebrühe ablöschen, kurz aufkochen und in einen großen Topf umfüllen.

7 Möhren putzen, schälen und in dünne Scheiben schneiden. Bohnen, Blumenkohl und Okraschoten putzen und gründlich unter fließendem Wasser waschen. Bohnen in der Mitte brechen, Blumenkohl in kleine Röschen teilen, Okraschoten in mundgerechte Stücke schneiden.

8 Gemüse in die Brühe geben und 15 Minuten langsam köcheln.

9 Restlichen BUKO India unterrühren und Hackfleischbällchen zugeben. Nochmals kurz aufkochen, gut mit Salz, Pfeffer und Kreuzkümmel abschmecken.

Gefüllte indische Teigtaschen

FÜR 4 PERSONEN

- 2 Zwiebeln
- 1 kleine Aubergine
- 100 g Bohnen
- 2 Tomaten
- 1 cm Ingwer
- 3 EL Pflanzenöl
- 1 TL Kurkuma
- ½ TL Kreuzkümmel
- 1 Packung Pizzateig aus dem Kühlregal
- 200 g BUKO India
- 1 Eiweiß
- 500 ml Erdnussöl

PRO PORTION

- 1880 KJ (470 kcal)
- 21 g F ▪ 10 g E ▪ 45 g KH

ZUBEREITUNGSZEIT 30 MINUTEN

1 Zwiebeln schälen und fein hacken. Auberginen, Bohnen, Tomaten putzen und gründlich unter fließendem Wasser waschen. Tomaten halbieren und vom Stielansatz befreien. Auberginen, Bohnen und Tomaten klein würfeln. Ingwer schälen und fein reiben.

2 Pflanzenöl in einer Pfanne erhitzen, Zwiebeln, Auberginen, Bohnen, Tomaten und Ingwer darin anbraten, bis die komplette Flüssigkeit verdampft ist.

3 Gemüse mit Kurkuma und Kreuzkümmel abschmecken.

4 Pizzateig dünn ausrollen und mit einem runden Ausstecher 10 cm große Stücke ausstechen.

5 Gemüsefüllung auf die Teigflächen verteilen und jeweils 1 Teelöffel BUKO India daraufgeben.

6 Teigränder mit Eiweiß bestreichen und Enden übereinanderlegen. Mit einer Gabel am Rand festdrücken.

7 Erdnussöl in einem Topf erhitzen und Teigtaschen darin nacheinander von beiden Seiten frittieren.

Französische Gemüseküchlein

FÜR 4 PERSONEN

- 200 g Mehl
- 150 g kalte Butter
- Salz
- 2 mittelgroße Möhren
- 200 g grüner Spargel
- 100 g Zwiebeln
- 1 Knoblauchzehe
- 50 g Lauch,
- 3 EL Olivenöl
- frisch gemahlener Pfeffer
- 200 g BUKO Provence
- 1 Ei, 1 Eigelb
- etwas Butter für die Form
- 1 Stängel Rosmarin
- 1 Stängel Thymian

ZUBEREITUNGSZEIT 60 MINUTEN

1 Für den Teig Mehl in ein Schüssel geben. Butter in kleine Stückchen schneiden, zugeben und mit den Fingern zu Streuseln krümeln. ½ Teelöffel Salz und 3 Esslöffel Wasser zugeben. Schnell zu einem glatten Teig kneten, in Folie wickeln und 30 Minuten im Kühlschrank ruhen lassen.

2 Möhren putzen, schälen und in große Würfel schneiden. Spargel waschen, holzige Enden entfernen und Spargelstangen schräg in dünne Scheiben schneiden.

3 In einem Topf Salzwasser aufkochen, Möhren und Spargel darin 3 Minuten blanchieren, in eiskaltem Wasser abschrecken und über einem Sieb abtropfen lassen.

4 Zwiebel und Knoblauch schälen und fein würfeln. Lauch putzen, halbieren, gründlich unter fließendem Wasser waschen und in Würfel schneiden. Öl in einem Topf erhitzen, Zwiebel, Knoblauch und Lauch darin anschwitzen. Möhren und Spargel zugeben, mit Salz und Pfeffer abschmecken.

5 Backofen auf 180 Grad vorheizen (Gas: Stufe 2). BUKO Provence, Ei und Eigelb in einer Schüssel verrühren.

6 8 Souffléförmchen oder eine Muffinform mit Butter ausstreichen, mit Mehl einstauben und wieder ausklopfen. Teig dünn ausrollen, 15 cm große Quadrate ausschneiden und Förmchen damit auslegen.

7 Rosmarin und Thymian gründlich unter fließendem Wasser waschen, trocken schütteln, Blättchen von den Stängeln zupfen und fein hacken. Kräuter unter das Gemüse heben und auf die Förmchen verteilen.

8 Gemüseküchlein 10 Minuten backen, herausnehmen, den Eierguss einfüllen und weitere 20 Minuten fertigbacken.

PRO PORTION

- 2933 KJ (700 kcal)
- 15,5 g F · 14 g E · 46 g KH

TIPP

Wenn es schnell gehen soll, können Sie auch anstelle der kleinen Törtchen einen großen Gemüsekuchen backen. Dazu legen Sie den Teig einfach in eine Kuchenform.

Gefüllte Tomaten Provenziale

PRO PORTION

- 2028 KJ (507 kcal)
- 23 g F ▪ 8 g E ▪ 58 g KH

FÜR 4 PERSONEN

- 10 große Strauchtomaten
- 1 Weißbrötchen
- 6 EL Olivenöl
- 2 EL Butter
- 2 Frühlingszwiebeln
- 200 g BUKO Provence
- 200 g gekochter Langkornreis
- Salz
- frisch gemahlener Pfeffer
- 2 Knoblauchzehen
- 1 Stängel Rosmarin
- 1 Stängel Thymian

ZUBEREITUNGSZEIT 45 MINUTEN

1 Backofen auf 180 Grad vorheizen (Gas: Stufe 2).

2 Tomaten gründlich unter fließendem Wasser waschen. Von 8 Stauchtomaten einen kleinen Deckel abschneiden und mit einem Teelöffel aushöhlen.

3 Fruchtfleisch mit dem Stabmixer pürieren und durch ein Sieb passieren. Die Tomatensauce in eine Auflaufform gießen und ausgehöhlte Tomaten in die Form setzen.

4 Für die Füllung Weißbrötchen in kleine Würfel schneiden. 4 Esslöffel Olivenöl und Butter langsam in einer Pfanne erhitzen, Brotwürfel darin goldbraun anbraten.

5 Frühlingszwiebeln putzen, gründlich unter fließendem Wasser waschen und schräg in dünne Ringe schneiden. Brotwürfel und Frühlingszwiebeln in eine Schüssel geben, BUKO Provence und den gekochten Reis unterheben, mit Salz und Pfeffer abschmecken.

6 Knoblauch schälen, fein würfeln und zugeben. Restliche Tomaten vierteln, vom Stielansatz befreien, entkernen und in kleine Würfel schneiden.

7 Rosmarin und Thymian gründlich unter fließendem Wasser waschen, trocken schütteln und Blättchen von den Stängeln zupfen. Vorsichtig unter die Reismischung heben und in die Tomaten füllen. Tomatendeckel aufsetzen, mit restlichem Olivenöl beträufeln und im Backofen ca. 20 Minuten backen.

Kalbsschnitzel mit Spinatfüllung

FÜR 4 PERSONEN

- 8 dünne Kalbsschnitzel (à 120 g)
- Salz
- 200 g Blattspinat
- 100 g BUKO Toskana
- 50 g Gratinkäse
- frisch gemahlener Pfeffer
- 1 Bund Basilikum
- etwas Mehl
- 2 EL Pflanzenöl
- 1 Zwiebel
- 1 Knoblauchzehe
- 2 EL Olivenöl
- 3 Tomaten

PRO PORTION

- 1059 KJ (254 kcal)
- 7 g F ▪ 39 g E ▪ 5 g KH

ZUBEREITUNGSZEIT 40 MINUTEN

1 Kalbsschnitzel kurz unter fließendem Wasser waschen, trocken tupfen und auf eine Arbeitsfläche legen.

2 Salzwasser in einem Topf erhitzen. Blattspinat putzen, kurz unter fließendem Wasser waschen und im kochenden Wasser blanchieren. Kalt abschrecken, über einem Sieb abtropfen lassen und mit den Händen leicht ausdrücken.

3 Spinat grob in Streifen schneiden, in einer Schüssel mit BUKO Toskana und Gratinkäse mischen. Mit Salz und Pfeffer abschmecken.

4 Basilikum gründlich unter fließendem Wasser waschen, trocken schütteln, Blättchen von den Stielen zupfen, grob hacken und unter den Spinat mischen.

5 Spinat auf die Schnitzel verteilen und so zusammenfalten, dass die Füllung gut eingeschlossen ist. Mehl auf einen Teller geben und die Schnitzel darin kurz wenden.

6 Backofen auf 150 Grad (Gas: Stufe 2) vorheizen. Pflanzenöl in einer Pfanne erhitzen, Schnitzel von beiden Seiten vorsichtig anbraten, in eine Auflaufform geben und 10 Minuten im Backofen backen.

7 Für die Tomatensauce Zwiebel und Knoblauch schälen und fein hacken. In einem Topf Olivenöl erhitzen, Zwiebel und Knoblauch darin anschwitzen. Tomaten gründlich unter fließendem Wasser waschen, halbieren, vom Stielansatz befreien und würfeln. Tomaten in die Pfanne geben und weitere 2 Minuten anschwitzen. Mit Salz und Pfeffer abschmecken.

TIPP Servieren Sie zu den Kalbsschnitzeln als Beilage wahlweise Bandnudeln, Salzkartoffeln oder Reis

Zwiebelkuchen mit Speck

FÜR 6 PERSONEN

- 300 g Mehl
- Salz
- ½ Würfel Hefe (20 g)
- 125 ml lauwarme Milch
- 50 g Arla Dänische Markenbutter
- 1 Prise Zucker
- 800 g Zwiebeln
- 3 EL Rapsöl
- 150 g Speckwürfel
- 200 g BUKO Balance
- 3 Eier
- frisch gemahlener Pfeffer
- 2 TL Kümmel
- ½ TL Paprikapulver, rosenscharf

PRO PORTION

- (2104 KJ) 503 kcal
- 27 g F ▪ 19 g E ▪ 45 g KH

ZUBEREITUNGSZEIT 130 MINUTEN

1 Für den Teig Mehl und 1 Prise Salz in einer Schüssel mischen, in die Mitte eine Mulde drücken. Die Hälfte der Milch in einem Topf erwärmen. Hefe zerbröseln und darin auflösen. Milch in die Mulde gießen, mit Mehl bestäuben und zugedeckt 15 Minuten gehen lassen.

2 Restliche Milch in einem Topf erwärmen, Butter darin auflösen und Zucker einstreuen. Zum Mehl geben und alles schnell zu einem glatten, geschmeidigen Teig verarbeiten. In einer Schüssel zugedeckt ca. 60 Minuten gehen lassen, bis sich das Volumen verdoppelt hat.

3 Zwiebeln schälen und in Ringe schneiden. 2 EL Öl in einer Pfanne erhitzen und Speckwürfel darin bei mittlerer Hitze knusprig anbraten. Speck aus der Pfanne nehmen, Zwiebelringe im ausgelassenen Fett unter Rühren ca. 5 Minuten glasig dünsten. Abkühlen lassen.

4 Backofen auf 200 Grad vorheizen (Gas: Stufe 3).

5 Ein Backblech mit restlichem Öl einstreichen. Teig nochmals kneten und auf dem Backblech ausrollen, mit einer Gabel mehrmals einstechen.

6 Zwiebelringe und Speck mischen und auf dem Teig verteilen.

7 BUKO Balance und Eier verquirlen, mit Salz, Pfeffer, Kümmel und Paprika würzen, über den Zwiebeln verteilen. Kuchen auf der mittleren Einschubleiste im Backofen 35–40 Minuten goldbraun backen.

Toskanischer Gemüseauflauf

FÜR 4 PERSONEN

- 1 Aubergine
- 1 Zucchini
- 3 EL Olivenöl
- 350 g Fleischtomaten
- 2 Knoblauchzehen
- 1 Bund Basilikum
- 200 ml Gemüsebrühe
- 1 TL Mehl
- 200 g BUKO Toskana
- 1 TL Butter
- Salz
- frisch gemahlener Pfeffer

PRO PORTION

- 1219 KJ (305 kcal)
- 27 g F ▪ 6 g E ▪ 10 g KH

ZUBEREITUNGSZEIT 50 MINUTEN

1 Aubergine und Zucchini putzen, gründlich unter fließendem Wasser waschen und in 1 cm dicke Scheiben schneiden. Olivenöl in einer Pfanne erhitzen, Auberginen und Zucchini darin anbraten.

2 Tomaten gründlich unter fließendem Wasser waschen, halbieren, vom Stielansatz befreien und in 1 cm dicke Scheiben schneiden. Knoblauch schälen und fein würfeln.

3 Basilikum gründlich unter fließendem Wasser waschen, trocken schütteln, Blättchen von den Stängeln zupfen und grob hacken.

4 Gemüsebrühe erhitzen, Mehl unter Rühren einstreuen und langsam aufkochen. BUKO Toskana einrühren und Topf vom Herd nehmen.

5 Backofen auf 190 Grad vorheizen (Gas: Stufe 3). Eine ofenfeste Auflaufform (15 x 25 cm Durchmesser) mit Butter einstreichen.

6 Jeweils die Hälfte der Zucchini, Auberginen und Tomaten einschichten, jede Schicht mit Salz und Pfeffer würzen. Auf die Tomaten die Hälfte Basilikum und Knoblauch streuen. Mit dem restlichen Gemüse genauso verfahren. Zum Schluss Frischkäsesauce darübergeben und im Backofen ca. 25 Minuten backen.

Gratinierte Schweinefilets mit Avocadosalsa

FÜR 4 PERSONEN

- 800 g Schweinefilet
- 2 EL Pflanzenöl
- 100 g BUKO TexMex
- 30 g Paniermehl
- 1 EL Butterflöckchen
- 1 reife Avocado
- Saft von 1 Zitrone
- 1 frische rote Chilischote
- 2 Stängel Koriander
- 1 Tomate
- Salz
- frisch gemahlener Pfeffer
- 1 EL Olivenöl

PRO PORTION

- 2014 KJ (482 kcal)
- 29 g F ▪ 46 g E ▪ 7,5 g KH

ZUBEREITUNGSZEIT 60 MINUTEN

1 Schweinefilet kurz unter fließendem Wasser waschen, trocken tupfen und in 8 gleich große Medaillons schneiden. Pflanzenöl in einer Pfanne erhitzen und Fleisch darin rundherum anbraten.

2 Fleisch in eine ofenfeste Auflaufform legen. Backofen (Grillfunktion) auf 200 Grad vorheizen (Gas: Stufe 3).

3 BUKO TexMex und Paniermehl in einer Schüssel mischen und auf die Schweinemedaillons streichen. Butterflöckchen darauf verteilen und Schweinefilets im Backofen gratinieren.

4 Avocado halbieren, Stein entfernen, mit einem Küchenmesser die Schale abziehen und Fruchtfleisch klein würfeln.

5 Zitronensaft in eine Schüssel geben. Avocado zugeben und mit einer Gabel vorsichtig mischen. Chilischote halbieren, von Stielansatz und Kernen befreien, gründlich unter fließendem Wasser waschen und fein hacken. Koriander gründlich unter fließendem Wasser waschen, trocken schütteln und fein hacken.

6 Tomate gründlich unter fließendem Wasser waschen, vierteln, vom Stielansatz befreien und würfeln. Chilischote, Koriander und Tomaten vorsichtig unter die Avocadowürfel heben. Mit Salz und Pfeffer abschmecken, Olivenöl zugeben.

7 Salsa auf vier Teller verteilen und gratinierte Schweinefilets darauf anrichten.

BUKO
Tex Mex

Hähnchen India

FÜR 4 PERSONEN

- 1 Knoblauchzehe
- 3 EL Sojasauce
- 1 TL Chiliflocken
- 1 TL Currypulver
- 2 EL Sonnenblumenöl
- 4 Hähnchenbrustfilets (à 150 g)
- 2 rote Zwiebeln
- 200 g BUKO India
- 250 g Sahne
- ½ TL Schwarzkümmel
- frisch gemahlener Pfeffer
- 1 TL Mango-Marmelade
- ½ Bund Koriander

PRO PORTION

- 2324 KJ (555 kcal)
- 37 g F ▪ 45 g E ▪ 11 g KH

ZUBEREITUNGSZEIT 30 MINUTEN

1 Knoblauch schälen und fein hacken.

2 Für die Marinade 2 EL Sojasauce, ½ TL Chiliflocken, ½ TL Currypulver, Knoblauch und 1 EL Öl in einer Schüssel verrühren.

3 Hähnchenbrust kurz unter fließendem Wasser waschen, trocken tupfen, in Streifen schneiden und ca. 10–15 Minuten marinieren.

4 Zwiebeln schälen und in dünne Ringe schneiden. Hähnchen aus der Marinade nehmen.

5 Restliches Öl in einer Pfanne erhitzen, Hähnchen und Zwiebeln darin anbraten. BUKO India unterheben und mit Sahne ablöschen. Ca. 5 Minuten leicht kochen.

6 Schwarzkümmel zugeben, mit Pfeffer, restlichem Currypulver, restlicher Sojasauce und Mangomarmelade abschmecken.

7 Koriander gründlich unter fließendem Wasser waschen, trocken schütteln und grob hacken. Hähnchen vor dem Servieren mit Koriander und restlichen Chiliflocken garnieren. Mit Reis servieren.

MEINE BUKO-REZEPT-EMPFEHLUNG

Durch die einfache Zubereitung und die typisch indischen Zutaten ist dieses Hähnchengericht schnell fertig und nicht besonders schwierig.

Für alle, die zwar gern indisch, aber nicht zu scharf essen, ist dieses Rezept eine leckere und geschmacklich interessante Alternative. Durch den fruchtig und leicht scharfen BUKO India erhält die Sauce zudem eine feine und cremige Konsistenz. Servieren Sie das Hähnchen India am besten mit Basmati- oder Wildreis.

Moritz B., Hagen

Leckere Desserts

Himbeermandelcreme

FÜR 6 PERSONEN

- 300 g gefrorene Himbeeren
- 150 g Mandelsplitter
- 40 g brauner Zucker
- 200 g Himbeermarmelade
- 200 g Sahne
- 1 Päckchen Vanillezucker
- 500 g Quark
- 400 g BUKO Balance

ZUBEREITUNGSZEIT 15 MINUTEN

1 Himbeeren auftauen. Mandelsplitter und Zucker in einer trockenen Pfanne karamellisieren. Mandelsplitter herausnehmen und abkühlen lassen.

2 Himbeeren und Himbeermarmelade zu einer cremigen Masse verrühren und auf 6 Gläser verteilen.

3 Sahne und Vanillezucker in einem hohen Gefäß steif schlagen. Quark und BUKO Balance vorsichtig unterheben.

4 BUKO-Creme auf den Himbeeren verteilen und mit Mandeln garniert servieren.

PRO PORTION

- 3634 KJ (868 kcal)
- 59 g F ▪ 40 g E ▪ 42 g KH

MEINE BUKO-REZEPT-EMPFEHLUNG

Die besondere Note erhält dieses Rezept durch die einzigartige Mischung der Zutaten: sahniger BUKO, cremiger Quark, fruchtige Himbeeren und knusprige Mandelsplitter.

Cornelia K., Datteln

Milchshake mit Erdbeeren

PRO PORTION

- 875 KJ (209 kcal)
- 9 g F · 4 g E · 17 g KH

FÜR 4 PERSONEN

- 200 g BUKO Ananas
- 200 ml eiskalte Milch
- 1 Prise Salz
- 3 EL Ananassaft
- 150 g frische Erdbeeren
- 1 Prise Vanillezucker
- einige Minzblätter zum Garnieren

ZUBEREITUNGSZEIT 10 MINUTEN

1 BUKO Ananas und Milch in einem hohen Gefäß mit dem Pürierstab ca. 2 Minuten schaumig schlagen.

2 Salz und Ananassaft zufügen, noch mal kurz pürieren.

3 Erdbeeren kurz unter fließendem Wasser waschen, vom Stielansatz befreien, vierteln und mit Vanillezucker bestreuen.

4 Früchte auf 4 hohe Cocktailgläser verteilen und mit Milchshake auffüllen.

5 Minzblätter gründlich unter fließendem Wasser waschen, trocken schütteln, Blättchen von den Stängeln zupfen und Milchshake vor dem Servieren damit garnieren.

TIPP

Der Milchshake ist auf jeder Sommerparty eine leckere und frische Alternative zu alkoholischen Getränken.

Frischkäsetörtchen

FÜR 4 PERSONEN

- 4 Vollkornkekse
- 4 EL Zucker
- 50 g Butter
- 150 g Heidelbeeren oder Brombeeren
- 200 g BUKO Der Sahnige
- 100 g BUKO Ananas
- 3 EL Puderzucker
- 1 EL Zitronensaft
- ½ Vanilleschote
- 200 g Creme double
- 1 EL Schokoraspel

PRO PORTION

- 2721 KJ (650 kcal)
- 53 g F · 14 g E · 29 g KH

ZUBEREITUNGSZEIT 30 MINUTEN

1 Kekse grob zerkrümeln. 3 Esslöffel Zucker in einer trockenen Pfanne bei mittlerer Hitze langsam schmelzen, bis er zu karamellisieren beginnt. Butter zufügen und Pfanne schwenken, damit sich Zucker und Butter verbinden.

2 Keksbrösel zugeben und schwenken, bis alles mit Karamell überzogen ist. Herausnehmen, abkühlen und in kleine Stücke brechen.

3 Heidelbeeren gründlich unter fließendem Wasser waschen, in die Pfanne geben, restlichen Zucker und 3 Esslöffel Wasser zugeben und bei mittlerer Hitze ca. 1 Minute leicht kochen. Herausnehmen und abkühlen lassen.

4 Für die Vanille-Ananas-Creme BUKO Der Sahnige, BUKO Ananas, Puderzucker, Zitronensaft und ausgeschabtes Vanillemark in eine Schüssel geben und glatt rühren. Creme double leicht steif schlagen und unter die Masse heben.

5 4 kleine Auflaufförmchen oder 4 kleine Tassen mit Klarsichtfolie auskleiden. BUKO-Creme einfüllen und glatt streichen. Kalt stellen.

6 Käsetörtchen auf Teller stürzen und Folie entfernen. Mit Keks-Krokant und Schokoraspeln bestreuen und mit Beeren garnieren. Mit Puderzucker bestäuben und sofort servieren.

Frischkäse-Waffeln

FÜR 4 PERSONEN

- 200 g Arla Dänische Markenbutter
- 200 g Mehl
- 150 g Zucker
- 200 g BUKO Der Sahnige
- 5 Eier
- ½ Tasse Milch
- 1 Prise Salz
- Aroma (z. B. Vanille, Zitrone, Rum etc.)
- Puderzucker oder Schokostreusel

PRO PORTION

- 2931 KJ (700 kcal)
- 35 g F · 18 g E · 78 g KH

ZUBEREITUNGSZEIT 30 MINUTEN

1 Butter, Mehl, Zucker, BUKO Der Sahnige und Eier mit dem Handmixer in einer Schüssel cremig schlagen. Milch nach und nach einrühren, bis ein dickflüssiger Teig entsteht.

2 Mit Salz und Aroma abschmecken. Teig zügig im Waffeleisen ausbacken.

TIPP Die Waffeln können entweder pur serviert oder beispielsweise mit Puderzucker, Schokostreusel, Zimt, Zucker, Schlagsahne, heißen Kirschen, Himbeeren, Honig, Apfelmus, Preiselbeeren oder Kokosraspeln garniert werden.

Beerentorte mit zweierlei Belag

FÜR 12 STÜCKE

- 50 g Mehl
- 1 TL Backpulver
- 2 Eier
- 60 g Zucker
- 1 Päckchen Vanillinzucker

FÜR DEN BELAG:

- 200 ml Milch
- 1 Päckchen Agartine
- 200 g BUKO Active
- 100 g Magerquark
- 2 Päckchen Vanillinzucker

UND

- 400 g tiefgefrorene Beeren
- 300 ml Fruchtsaft
- 2 Päckchen Agartine
- 2 Päckchen Vanillinzucker

PRO PORTION

- 1453 KJ (347 kcal)
- 14 g F · 24 g E · 29 g KH

ZUBEREITUNGSZEIT 30 MINUTEN

1 Backofen auf 80 Grad (Gas: Stufe 1) vorheizen. Mehl, Backpulver, Eier, Zucker, Vanillinzucker und 2 Esslöffel heißes Wasser in einer Schüssel zu einem glatten Teig verarbeiten. Teig in eine runde Form füllen, glatt streichen und im Backofen ca. 25–30 Minuten backen. Herausnehmen und auskühlen lassen.

2 Für den Belag Milch in einem Topf aufkochen, Agartine darin unter Rühren auflösen und abkühlen lassen. BUKO Active, Magerquark und Vanillinzucker unterrühren. Tortenring um den Biskuitteil legen, Belag darauf verteilen, glatt streichen und kalt stellen.

3 Für die zweite Schicht Beeren auftauen lassen. Fruchtsaft in einem Topf aufkochen, Agartine darin unter Rühren auflösen und abkühlen lassen. Beeren und Vanillinzucker unterrühren. Belag auf der Käse-Quark-Masse verteilen, glatt streichen und ca. 3 Stunden kalt stellen.

Effi M., Vaihingen an der Enz

Kaffeekugeln

FÜR 8 PERSONEN

- 250 g Mehl
- 150 g gemahlene Mandeln
- 50 g Puderzucker
- 1 Päckchen Vanillezucker
- 30 g Instant-Kakaopulver
- 20 g Kakaopulver
- 1 Prise Salz
- 100 g BUKO Der Sahnige
- 125 g Butter
- 2 EL Instant-Kaffeepulver
- Puderzucker

PRO PORTION

- 1750 (418 kcal)
- 26 g F - 9 g E - 35 g KH

ZUBEREITUNGSZEIT 30 MINUTEN

1 Butter in einem Topf schmelzen, etwas abkühlen lassen, Instant-Kaffee zugeben und aufquellen lassen.

2 Mehl, Puderzucker, Vanillezucker, Kakaopulver und Salz mischen und verrühren. Mandeln, BUKO Der Sahnige und Butter zugeben und zu einem glatten Teig verkneten.

3 Mit einem Teelöffel walnussgroße Stücke ausstechen und runde Kugeln formen.

4 Backblech mit Backpapier auslegen, Kugeln daraufsetzen und in den kalten Ofen schieben.

5 Backofen auf 180 Grad (Gas: Stufe 2) heizen und Kaffeekugeln darin 15–20 Minuten backen.

6 Herausnehmen, noch warm mit Puderzucker bestäuben und abkühlen lassen. Die Kaffekugeln sind im warmen Zustand noch sehr weich, werden aber nach dem Abkühlen fest.

MEINE BUKO-REZEPT-EMPFEHLUNG

Man kann auch nur Instant-Kakaopulver verwenden, aber wenn man einen Teil mit dunklem Backkakao ersetzt, wie im Rezept angegeben, schmeckt es intensiver. Wenn man nur Backkakao nimmt, ist der Geschmack wiederum zu kräftig.

Birgitt F., Sarstedt

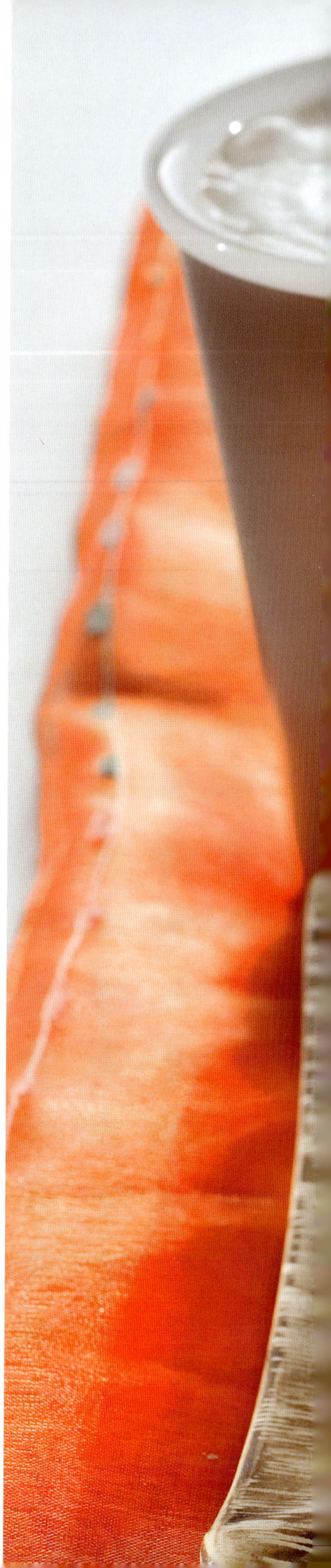

Ananasmuffins

FÜR 12 MUFFINS

- 250 g Mehl
- 1 TL Backpulver
- ½ TL Salz
- 100 g Zucker
- 2 Eier
- 100 ml Milch
- 125 g weiche Butter
- 1 Dose Ananas in Stückchen
- 200 g BUKO Ananas
- Fett für die Form

PRO STÜCK

- 909 KJ (217 kcal)
- 8 g F ▪ 5 g E ▪ 29 g KH

ZUBEREITUNGSZEIT 40 MINUTEN

1 Backofen auf 180 Grad (Gas: Stufe 2) vorheizen.

2 Mehl, Backpulver, Salz, Zucker, Eier, Milch und Butter in einer Schüssel mit dem Handmixer zu einem glatten Teig verarbeiten.

3 Ananasstückchen über einem Sieb gut abtropfen lassen, Saft in einer Schüssel auffangen. BUKO Ananas in einer Schüssel mit 1 Esslöffel Ananassaft mischen.

4 Muffinförmchen mit Öl einstreichen, die Hälfte des Teiges hineingeben, BUKO-Mischung darauf verteilen, jeweils 1–2 Ananasstückchen darauflegen und mit restlichem Teig bedecken.

5 Muffins im Backofen ca. 20 Minuten backen.

6 Als Alternative zu den Ananas bieten sich beispielsweise auch Kirschen oder frische Früchte der Saison an.

Register

I/J/K

L

M/N/O

P

Kochen wie unter Freundinnen – mit **for me!**

Entdecken Sie eine **ganze Welt voller** Ideen und alles, was Frauen heute wissen wollen! **for me** ist das große Online-Portal rund um die Themen **Schönheit**, **Mode**, **Familie** und **Zuhause**. Hier finden Sie aktuelle News, kreative Anregungen und praktische Tipps wie Sie sich Ihr Leben noch ein **Stück schöner und angenehmer machen.**

Lust auf leckere Rezepte?

Unter **www.for-me-magazin.de/rezepte** gibt es nicht nur tolle Rezepte aus aller Welt und spannende News zu gesunder Ernährung. Sondern auch die **große Rezept-Community!** Hier können Sie Ihre eigenen Lieblings-Rezepte ins Netz stellen sowie tolle Tipps und leckere Rezeptideen unserer Leserinnen herunterladen und bewerten. Ganz so als würden Sie mit Freundinnen zusammen den „Kochlöffel schwingen".

Außerdem exklusiv für Sie

- **Neue Trends** aus Mode, Schönheit und Gesundheit
- **Nützliche Tipps** zu Haushalt und Familie
- **Deko-Ideen** für ein kuscheliges Zuhause
- Aktuelle Ergebnisse der **STIFTUNG WARENTEST**
- Spannende **Foren** zu allen Themen, die Frauen bewegen
- **Newsletter-Abonnement**

@ **www.for-me-magazin.de**

Impressum

Projektleitung: Ana Babic', Arla Foods GmbH
Konzept und Realisation: Martin Meidenbauer Verlagsbuchhandlung, München
Redaktion: twinbooks, München (Simone Steger)
Gestaltung und Satz: h3a GmbH, München
Umschlaggestaltung: h3a GmbH, München
Umschlagabbildungen: Arla Foods GmbH/Klaus Arras, Studio Klaus Arras, Köln; Shutterstock/Arne Trautmann
Druck und Bindung: MOHN Media Mohndruck, Gütersloh

Bildquellenverzeichnis

Arla Foods GmbH: 5, 6, 7, 16, 17, 18, 22, 28, 34, 38, 39, 45, 50, 51, 55, 58, 59, 60, 64, 65, 66, 67, 69, 71, 72, 73, 75, 77; Corbis: 20/21; Food Centrale, Hamburg: 32/33; Foodfotografie Klein & Schneider (foodline.de) und Foodstyling Marcus Müller (foodandtaste.de): 4, 10, 11, 13, 14, 15, 19, 23, 25, 27, 29, 31, 35, 37, 41, 42, 43, 47, 53, 54, 57, 61, 79, 82, 83, 85, 86, 87, 89, 90; Stock Food: 8/9, 48/49, 62/63, 78, 80/81, 90; twinbooks, München: 2, 24, 40, 44, 70, 74, 76, 84

ISBN 978-3-89975-999-0